Bernardin Schellenberger

Gib deiner Seele Flügel

HERDER / SPEKTRUM

Band 5031

Das Buch

Ein tief erlebter Augenblick kann alles neu sehen lassen, das Gewohnte in ein anderes Licht tauchen, dem Alltag Flügel geben. Mystiker aller Traditionen haben dies gespürt und immer wieder in Worte gefaßt. Die hier gesammelten Texte spiegeln Erfahrungen, die jeder kennt – sie zeigen, wie sich die Seele sammeln kann im Wesentlichen, wie sie sich aus der Verstrickung in Belangloses wieder aufschwingen kann zur Freude –, gerade wenn das Gefühl bleierner Schwere sich auszubreiten droht. Und wenn die Seele schon Flügel hat, so faßt sie auch Freude, Liebe und Dankbarkeit in Worte. Bernardin Schellenberger hat die schönsten und zugänglichsten Texte von alten und modernen Mystikern ausgesucht, aus der christlichen, aber auch der Zen- und Sufi-Tradition. Sie verwandeln den Alltag und weiten den Blick auf spirituelle Erfahrungen, auf den Grund unseres Daseins. Sie holen uns zurück aus der Zerstreuung, führen in die Tiefe, regen an zur Achtsamkeit, zu einem behutsameren Umgang und zur Begegnung mit sich selbst. Mystische Augenblicke kann jeder erfahren, der seine Seele öffnet und ihr Flügel wachsen läßt.

Auf jeder Buchseite finden mindestens zwei kurze Texte Platz: So begleitet dieses praktische Mystik-Buch durch das ganze Jahr.

Der Herausgeber

Bernardin Schellenberger, geb. 1944, ist Theologe, Übersetzer und Autor mehrerer Bücher. Bis 1991 hat er dem Trappisten-Orden angehört. Er lebt in Stuttgart.

Bernardin Schellenberger

Gib deiner Seele Flügel

Mystische Augenblicke für jeden Tag

Herausgegeben
von Bernardin Schellenberger

Herder

Freiburg · Basel · Wien

Gedruckt auf umweltfreundlichem,
chlorfrei gebleichtem Papier

Originalausgabe

Alle Rechte vorbehalten – Printed in Germany
Verlag Herder Freiburg im Breisgau 1999
Herstellung Freiburger Graphische Betriebe 1999
Umschlaggestaltung: Joseph Pölzelbauer
Umschlagmotiv: Erich Buchholz, nr. 15, großes V mit gegenwinkel 1920, Privat-
besitz, Eila Schrader-Buchholz
ISBN 3-451-05031-5

INHALT

VORWORT

Zur Zeit, da ich diesen Jahreskalender mit Texten der Mystik zusammenstelle, findet nebenan im Kongreßzentrum eine internationale Messe über moderne Medien, Telekommunikation und Datenverarbeitung statt, also die derzeit blühendste Wachstumsbranche. Das ist eine interessante Nachbarschaft, die nachdenklich macht. Mittels immer raffinierterer Computer ist binnen weniger Jahre ein Netz der Kommunikation rund um den Globus geknüpft worden, das sich immer noch mehr verdichtet. Es gibt Begeisterte, die im Internet eine „mystische" Wirklichkeit heraufziehen sehen: Eine Art von allgegenwärtigem Über-Gehirn entstehe da, der geballte Geist der Menschheit – „und ich glaube, es hat eine eigene Seele", schrieb ein Faszinierter über „the soul of cyberspace". Andere stehen nicht an, das Sich-Vergessen in die umfassendere Realität des Internet hinein mit der entleiblichenden Ekstase der mittelalterlichen Mystiker zu vergleichen. „Immer wenn eine größere Anzahl von Menschen irgendwohin geht, wo sie ihren Körper nicht mitnehmen können, sind sie mit einer spirituellen Aktivität befaßt. Es gelingt uns also, das Immaterielle zu bewohnen. Die tibetischen Mönche definieren cyberspace als ‚Ausweitung des Geistes in einen Raum, in dem alle Widerständigkeit wegfällt'" (Jeff Zaleski). So weihten in New York drei tibetische Mönche in einer feierlichen Zeremonie das Internet als neue religiöse Dimension, „denn da es grenzenlos offen ist, erschafft es das Potential zur Entstehung von etwas Neuem. Die Natur dessen, was daraus entstehen wird, hängt von den Motivationen der Menschen ab, die es benutzen."

In dieser unmittelbaren modernsten Nachbarschaft ist das vorliegende Buch mit der Einladung „Gib deiner Seele Flügel" gereift (und natürlich auch mit Hilfe von Bildschirm und Festplatte geschrieben worden). Die Einladung will Horizonte aufreißen, die von lauter menschengemachten Netzwerken zunehmend verstellt werden. Wir sind nämlich auf dem besten Weg, zu Abbildern unserer Computer zu werden, und die Funktionen unseres Gehirns werden zunehmend nach dem Modell des Computers erforscht und erklärt. Angesichts der Tatsache, daß viele Menschen bezweifeln, ob der Mensch oberhalb und jenseits des Netzwerks seiner Neuronen überhaupt eine Seele habe, ist es bemerkenswert, daß jetzt einige Vertreter der digitalen Avantgarde eine solche Seele im Internet heraufdämmern sehen: Zum Zeitpunkt, an dem die Menschheit versucht, der Schöpfung ihre letzten Geheimnisse zu entreißen, erwacht in ihr der Glaube, solche würden wieder in den eigenen, unüberschaubar werdenden Gemächten heranwachsen.

So ist es von höchster Aktualität, nicht die eigene Seele vollends zur Festplatte degenerieren zu lassen (und von den Festplatten her eine neue Seele zu erwarten), sondern sie aufzuwecken und ihr Flügel zu geben. Flügel bezeichnen Leben, setzen Fleisch und Blut und Muskeln und Federn voraus – alles Phänomene, die noch kein Computer herzustellen vermag. So erinnern sie an die nicht-virtuelle, an die echte Realität. Eine „echte Realität" – was für eine seltsame Doppelformulierung ist hier notwendig geworden, um den Gegensatz des paradoxen, ja absurden Begriffs „virtuelle Realität" zu bezeichnen! Das „Virtuelle", das nur in der Möglichkeitsform, in der Fiktion Existierende, gilt zunehmend als das eigentlich Reale und Unsterbliche ... Immerhin, das kann dem Menschen, der an die mystische Dimension des Lebens glaubt, ein neues Selbstbewußtsein geben, denn er ist überzeugt, ja hat es erfahren, daß das Geheimnis, das den Menschen in der mystischen Erfahrung anrührt, eine, ja die wahre Realität ist – so real, daß sich im Vergleich damit der Mensch samt seiner ganzen digitalen Welt wie ein Schatten auf dem Bildschirm vorkommt. Und er weiß, daß diese wahre Realität das (oder der oder die) Ganz Andere ist, von keinem Computer zu errechnen, mit keiner Maustaste anzuklicken; sie fährt ihm eher gelegentlich als Absturz in die Dateien. Wie bitter notwendig ist es für den modernen Menschen, über allen seinen selbstverfertigten Netzen diese unendlichen Horizonte offenzuhalten!

Es gibt wenige Autoren der Mystik, die die Bilderwelt des modernen Lebens verwenden. Vielleicht liegt es daran, daß diese Bilder noch nicht lange genug existieren und folglich noch nicht genügend spirituell „verarbeitet" und „verdaut" sind. Ein weiterer Grund wird sein, daß uns genau wie unser Körper auch die Natur mit ihren Rhythmen bleibt, so geschunden sie sein mag. Die moderne High-Tech-Welt zeichnet sich dadurch aus, daß sie alles Körperliche, sprich: alles, was aus sich selbst und damit unberechenbar lebt, zunehmend zu eliminieren versucht; es gilt als Risikofaktor. Alles muß programmierbar sein. Gegen diese lebensfeindliche Tendenz gilt es, unsere seelische genau wie unsere körperliche Vitalität mit den elementaren Rhythmen der Natur zu verbünden. Unsere Lebenskraft erfrischt sich immer wieder aus der Natur und folglich auch aus ihren Bildern. Tatsächlich fragt auch jeder moderne Mensch, selbst wenn er nur kurz aus seiner Telekommunikationshöhle lugt, unverzüglich nach dem Wetter, diesem Dauerthema alles small talk. Und auch der heutige Mensch schwankt in seinen Stimmungen mit Sonnen- und Regentagen, Nebeln und Hitze. Wenn im High-Tech-Zeitalter Raum und Zeit, Ort und Klima zunehmend nivelliert werden: Nacht gleich Tag wird, Wege eliminiert oder jedenfalls maximal beschleunigt werden, die modernen Kommunikationstechniken immer mehr Allgegenwart, Gleichzeitigkeit und Sofortverfügbarkeit gestatten, führen diese atemberaubenden Möglichkeiten womöglich in eine unendliche Langeweile. Sie wird wohl nur überwunden werden können, wenn wir gleichzeitig die Räume und Zeiten der Seele wiederentdecken und betreten; sie sind uralt und gegenwärtig zugleich, und sie sind genau wie unser Körper mit seinem Herzschlag und Atem und seinen biologischen Rhythmen untrennbar mit den Gezeiten und Elementen der Natur verbunden.

Mit der vorliegenden Textsammlung soll mehr als bloße spirituelle Kuschelmusik geboten werden. Eine solche würde dem Ernst der Mystik und vor allem nicht den Autoren dieser Texte gerecht, die die beschriebenen Erfahrungen mit dem Totaleinsatz ihres Lebens bezahlt haben. Die Zitate werden als Zeugnisse leidenschaftlicher Existenzen vorgestellt, die anstecken wirken sollen. Hier sind Skizzen „mystischer Augenblicke" festgehalten, die dazu angetan sind, dem Leser neue innere und äußere Horizonte aufzureißen oder ihn, falls ihm solche schon aufgegangen sind, dorthin anzutreiben. Religion in ihrer intensivsten Form, derjenigen der Mystik, ist voller Dramatik, reißt den Menschen aus seiner Ichbezogenheit und allen vermeintlichen Sicherheiten heraus und verführt ihn zum Abenteuer, zum „Fliegen". Sie führt in die Krise, ins Drama. Sie versetzt den Menschen außer sich und befreit ihn so von seinem schlimmsten Feind: von sich selbst und seinem Narzißmus. Das rückt alles andere an seine ihm gebührende Stelle und ermöglicht schließlich die richtig verstandene Gelassenheit: den kühlen Kopf und das starke Herz mitten im spannenden Kampf des Lebens. Und damit das klarere Urteil und den nüchterneren Verstand und eine Art Frieden, der „nicht von dieser Welt ist".

Mystik ist ein subjektives Phänomen, ja das denkbar subjektivste. Die mystische Erfahrung rührt den Menschen im innersten Kern seiner Persönlichkeit an, und was ihm dabei widerfährt, vermag er anderen nie angemessen mitzuteilen. So darf es nicht wundern, daß auch die vorliegende Sammlung von Texten über „mystische Augenblicke" subjektiv ausgefallen ist. Sie ist frei vom Anspruch, ein repräsentatives Mystik-Lesebuch oder eine systematische Anleitung zum mystischen Leben bieten zu sollen. Die relativ kurzen Textabschnitte wollen im Leser eine Erfahrung wecken, die ihn auf seinen eigenen einmaligen Weg setzt. Mit diesem Wunsch kann er sie auf sich wirken lassen, sie wiederholt lesen, manche vielleicht sogar auswendig lernen. Die Mönche des christlichen Mittelalters bezeichneten diese Form des Umgangs mit einem Text als *ruminatio*, wörtlich also als „wiederkäuen". Das ist die Alternative zur modernen „Textverarbeitung": Der Begriff der *ruminatio* weckt das Bild einer friedlich lagernden Kuh, welche sich die Nahrung, die sie beim Gang über die Weide zu sich genommen hat, noch einmal portionsweise vornimmt und gründlich zerkaut und verkostet, damit sie ihr zur eigenen Substanz wird. Von solcher Art werden die Texte eines Kalenders sein müssen, eines Weggefährten durch das Jahr. Sie sollen durch den Tag begleiten und ihm Lichter aufstecken.

Mystik ist zugleich das denkbar objektivste Phänomen. Bei der Mystik im eigentlichen Sinn widerfährt dem Menschen von dem, was er nicht selbst finden oder herbeiführen kann, also vom Unfaßbaren, Geheimnisvollen her, etwas für sein Leben Entscheidendes. Die Christen, aber auch schon Laotse, bezeichnen es als „Berufung": Du wirst jäh angerufen, zur Antwort gefordert. Dadurch ändert sich dein Leben, wird von einem verblüffend neuen Licht erhellt. Oder, wie es Martin Buber ausgedrückt hat: Das „ist nicht ein ‚Erlebnis', das sich in der empfänglichen Seele erregt und selig rundet: es geschieht da etwas am Menschen. Das ist zuweilen wie ein Anhauch,

11

zuweilen wie ein Ringkampf." Und: Danach hat der Mensch „in seinem Wesen ein Mehr, ein Hinzugewachsenes, von dem er zuvor nicht wußte und dessen Ursprung er nicht rechtmäßig zu bezeichnen vermag". Für diese Begegnung kann sich der Mensch nur bereiten, indem er sich in höchste Achtsamkeit einübt; erwerben, „machen", mit der Maus des Computers anklicken kann er sie nicht.

Wem das widerfährt, der erlebt nicht nur punktuell eine neue Dimension. Er wird von da an in einen Prozeß einbezogen; seine Lebensgeschichte wird davon geprägt. Der Blick in die großen religiösen Traditionen der Menschheit zeigt, daß dieser Prozeß eine Art „objektiver Struktur" hat, das heißt, einen in seinen wesentlichen Zügen identischen Verlauf nimmt. Dieser Verlauf soll anhand der Zitate in diesem Begleiter durch das Jahr angedeutet werden. Beides: höchst subjektiver wie höchst objektiver Charakter der Mystik zwangen zur strengen Wahl der Texte für die hier vorgestellte Sammlung. Sie sollten einerseits die subjektive Betroffenheit bezeugen, andererseits den objektiven, allgemeingültigen Weg beschreiben, und das in einer Sprache, die heutigen Menschen zugänglich bleibt. Da bei der Formulierung solcher Texte die Mystiker fast unvermeidlich zu Dichtern werden, umgekehrt aber auch viele Dichter zu Mystikern, wurden auch Autoren einbezogen, die nicht von einer der großen religiösen Traditionen ausdrücklich als „Mystiker" bezeichnet und verehrt werden, aber dennoch die Ahnung des Berührt- oder Ergriffenseins vom Ganz Anderen zu vermitteln vermögen.

Zudem will dieses Buch alle spirituell Suchenden ansprechen. So war auf alle zu spezifisch christlichen Elemente zu verzichten, namentlich auf die Hervorhebung der Gestalt Jesu Christi als Urmodell, Medium und Ziel des eigenen Weges. Eine Fülle von älteren Texten ist typologischer Natur, das heißt, sie verwenden biblische

Bilder, Vorbilder und Symbole; viele andere deuten die Erfahrung dogmatisch, oder sie bieten moralische, asketische oder belehrende Aussagen und Anweisungen. Gerade wenn man auf sie alle verzichtet, kristallisiert sich auf eindrucksvolle Weise das Gemeinsame aller mystischen Traditionen heraus, das hier nicht kurz auf eine Formel gebracht werden soll, jedoch dem aufmerksamen Leser beim Erwägen der Texte von allein aufgehen wird, die sich im übrigen gegenseitig auf eine ganz bemerkenswerte Art beleuchten.

Das Thema, um das dieses Buch kreist, bezeichnet Bernhard von Clairvaux als ein einziges großes Lied. Tatsächlich bieten die Menschen, die davon zu sprechen versuchen, alle Möglichkeiten der Bilderwelt und Poesie auf, um zu umschreiben, was sie meinen. Ihr Lied, sagt Bernhard weiter, „ist nicht draußen zu vernehmen, es schallt nicht offen auf dem Markt. Es läßt sich nur in der Erfahrung lernen. Wer es erfahren hat, erkennt es wieder, und wer noch nicht, soll glühen in der Sehnsucht, nicht: mehr von ihm zu wissen, sondern: an der Erfahrung teilzuhaben." Dieses Teilhaben sei allen aufmerksamen Lesern gewünscht.

Bernardin Schellenberger

FROST

❖ **1** ❖

Du kommst und gehst. Die Türen fallen
viel sanfter zu, fast ohne Wehn.
Du bist der Leiseste von allen,
die durch die leisen Häuser gehn.

Rainer Maria Rilke

❖ **2** ❖

Irgend etwas sprach zu mir in der Nacht,
Die wächsernen Lichte des vergehenden Jahres verbrennend.
Irgend etwas sprach in der Nacht
Und sagte mir, ich würde sterben, ich weiß nicht wo.
Es sprach:
„Verliere die Erde, die du kennst, um tiefer zu kennen;
Verliere das Leben, das du hast, um tiefer zu leben;
Verlasse die Freunde, die du liebtest, um tiefer zu lieben;
Finde ein Land, gütiger als die Heimat, weiter als die Erde –
Auf das die Säulen dieser Erde gegründet sind,
Und dem das Gewissen der Welt zustrebt –
Ein Wind erhebt sich, und die Ströme fließen."

Thomas Wolfe

❖ 3 ❖

Wenn du anfängst, Gott herauszuspüren, spürst du etwas,
wovon du geredet und doch nicht geredet hast. Denn bevor du
ihn spürtest, glaubtest du, von Gott zu reden. Jetzt fängst du zu
spüren an, und da spürst du, daß du von dem nicht reden
kannst, was du spürst. Wirst du da verstummen?
Als du ihn suchtest, hast du ihm Loblieder gesungen. Wirst du
etwa schweigen, wenn du ihn gefunden hast?

Augustinus

❖ 4 ❖

Zeichen geschehen uns unablässig, leben heißt angeredet
werden, wir brauchten uns nur zu stellen, nur zu vernehmen.
Aber das Wagnis ist uns zu gefährlich, die lautlosen Donner
scheinen uns mit Vernichtung zu bedrohen, und wir
vervollkommnen von Geschlecht zu Geschlecht den
Schutzapparat.
Nur Augenblicke gibt es, die ihn durchdringen und die Seele zur
Empfänglichkeit aufrühren. Und wenn sich dergleichen uns
angetan hat und wir dann aufmerken und uns fragen: „Was hat
sich denn da Besondres ereignet? Wars nicht von der Art, wie es
mir alle Tage begegnet?", so dürfen wir uns erwidern: „Freilich,
nichts Besondres, so ist es alle Tage, nur wir sind alle Tage nicht
da."

Martin Buber

❖ 5 ❖

Was kümmern uns die weißen Flecke auf der Landkarte, die täglich sich verkleinern? Die wahre Unbekannte ist noch und immer unsere Seele. Sie und nichts anderes ist die Landschaft der Überraschungen und Abenteuer... Ihr entgegnet mir: „Ich überlasse diese Abenteuer den Vaganten und Stromern. Mir ist das Unvorhergesehene zuwider, das Mysterium ist die Zerstreuung derer, die Zeit haben; ich aber habe keine Zeit." Ihr schwatzt daher, ihr sucht euch herauszuwinden; aber da ist immer ein Abenteuer, in das ihr unwillentlich verstrickt seid, das ihr vielleicht morgen schon zu bestehen habt. So ist es klüger, gleich schon ein wenig auszugehen, um sich zu gewöhnen. Der Seßhafteste wird es bestehn, und es ist ein größeres, wundersameres Abenteuer als irgendeins, von dem ihr in Büchern gelesen habt.

Georges Bernanos

❖ 6 ❖

Du zeigtest manchen Menschen Dich,
    verhülltest andern Dich!
Sie gingen irr – Du schließt Dich ab
    von dem Geschaffnen dort.
Doch manchmal steigst im Okzident
    Du für die Herzen auf,
Und manchmal gehst im Orient
    Du für die Herzen fort.

Al-Halladsch

❖ 7 ❖

„Ist der Weg zur Erleuchtung schwierig oder leicht?"
„Weder noch."
„Warum nicht?"
„Weil sie dort nicht ist."
„Wie reist man also zu dem Ziel?"
„Man reist nicht. Es ist eine Reise ohne Entfernung. Hört auf zu reisen, und ihr seid da."

Anthony de Mello

❖ 8 ❖

So wie auf einer Müllkippe am Straßenrand
Ein Lotus zu erblühen vermag
Und mit seinem reinen Duft
Die Herzen erfreut,

So auch vermag inmitten blinder Menschenmassen
Ein Schüler des Vollkommen Erwachten
Mit dem Licht seiner Weisheit
Diese ganze Welt zu überstrahlen.

Aus der buddhistischen Tradition

❖ 9 ❖

Du mußt nicht meinen, du nur schaust die Dinge an. Versuche dir vorzustellen, die Dinge betrachten dich: Gott blickt dich an durch die Lichter der Stadt, wenn du am Abend durch die Straßen gehst, und er schaut nach dir aus den Wolken, die der Wind herdenweise über den Himmel treibt.

Carlo Carretto

❖ 10 ❖

Der Mensch gleicht einem Doppelspiegel, der auf beiden Seiten Bilder aufnimmt. Denn auf der höchsten Seite seines Geistes empfängt der Mensch Gott samt allen seinen Gaben, auf der niedersten Seite nimmt er durch die Sinne körperliche Bilder auf.

Jan van Ruysbroek

❖ 11 ❖

Wie sehr ist eine Seele zu bedauern, wenn sie anfängt, die geheimen Rufe Gottes zu verwerfen, der verlangt, daß sie allem ersterbe ... Man ist wie ein verwundeter Hirsch, der in seiner Seite den Speer trägt, von dem er getroffen wurde; je mehr er in seinem Laufe durch den Wald eilt, um sich davon zu befreien, um so tiefer rennt er sich das Geschoß ins Fleisch. „Wer widersetzt sich Gott und hätte Frieden?" (Ijob 9, 4).

Fénelon

19

❖ 12 ❖

Gott zeigt sich in seiner Einfachheit, die durch das gestaltlose, unfaßliche und unaussprechliche Licht gebildet ist. Ich kann nicht mehr sagen. Er bietet sich aber klar unserem Blick dar. Er läßt sich deutlich erkennen, und er spricht und hört in einer unausdrückbaren Weise. Er wird zu all dem, was die Schrift vom Himmelreich sagt: zur Perle, zum Senfkorn, zum Wasser, zum Feuer, zum Brot, zur Ruhestatt, zum Brautgemach. Er wird der Bräutigam, der Freund, der Bruder und der Vater.

Symeon der Neue Theologe

❖ 13 ❖

Luft, die alles füllet! Drin wir immer schweben;
Aller Dinge Grund und Leben!
Meer ohn' Grund und Ende! Wunder aller Wunder!
Ich senk' mich in dich hinunter:
Ich in dir,
du in mir;
Laß mich ganz verschwinden,
dich nur sehn und finden.

Gerhard Tersteegen

❖ 14 ❖

Die Menschheit schlief – sie schläft noch immer –, indem sie in
den schmalen Freuden ihrer kleinen abgeschlossenen Liebe
dahindöst. Eine unermeßliche geistige Macht schlummert auf
dem Grund unserer Vielzahl, die erst offenbar wird, wenn wir
vermögen, *die Wände* unseres Egoismus zu *sprengen* und uns
durch einen grundlegenden Neuguß unserer Anschauungen
zum alltäglichen und praktischen Sehen der universellen
Wirklichkeiten zu erheben.

Pierre Teilhard de Chardin

❖ 15 ❖

Der Geliebte ist uns nicht entgegengesetzt, er ist eins mit
unserem Wesen. Wir sehen nur uns in ihm, und dann ist er
doch wieder nicht wir – ein Wunder, das wir nicht zu fassen
vermögen.

Georg Wilhelm Friedrich Hegel

❖ 16 ❖

Tief innen in unserer Seele, an den Quellen der Träume, der
Mythen und der Liebe: dort ist der Raum, in dem Gott
Wohnung nehmen möchte. Wenn dieser Raum leer steht, dann
ist der Mensch von Unruhe, Angst und Überdruß bewohnt.
Dann helfen ihm weder Geld noch Besitz, noch alle Schätze der
Erde. Aus seinem leeren Herzen weht der eisige Wind der
Einsamkeit. Und dann kann es geschehen, daß die unterdrückte
Seele, so lange der Liebkosung Gottes beraubt, nachts wach
wird und erschrocken ist über ihre eigene Leere.

Ernesto Cardenal

❖ 17 ❖

Die Liebe ist eine Kraft der Seele, die sie durch eine Art von
natürlichem Schwergewicht bis zu ihrem Ort und Ziel trägt.
Jedes Geschöpf, sei es geistig oder körperlich, hat nämlich einen
bestimmten Ort, zu dem es von Natur aus hingezogen wird, und
ein natürliches Schwergewicht, das es dorthin trägt.

Wilhelm von Saint-Thierry

❖ 18 ❖

Solange der Mensch sich selber beobachtet, bemerkt er
zwischen sich und Gott Trennung und Unterschied; indem er
aber brennt, wird er einheitlich und weiß keinen Unterschied.

Jan van Ruysbroek

22

❖ 19 ❖

Bete, daß deine Einsamkeit der Stachel werde, etwas zu finden,
wofür du leben kannst, und groß genug, um dafür zu sterben.

Dag Hammarskjöld

❖ 20 ❖

Befreie mich von meinen eigenen Schatten, mein Gott,
von der Verworrenheit und den Trümmern meines Lebens!
Denn die Nacht ist dunkel, und Dein Pilger ist blind.
Halte Du meine Hand!
Erlöse mich von Verzweiflung!
Berühre mit Deiner Flamme die lichtlose Lampe meines Grams!
Wecke meine ermüdeten Kräfte aus ihrem Schlaf!
Laß mich nicht, meine Verluste zählend, hinter dem Zuge
zurückbleiben!
Laß bei jedem Schritt die Straße mir singen von ihrem Ziel,
Deinem Hause!
Denn die Nacht ist dunkel, und Dein Pilger ist blind.
Halte Du meine Hand!

Rabindranath Tagore

❖ 21 ❖

Einer spricht zu einem Manne, der Erde durchsiebt: Mich wundert, daß du etwas suchst, was du nicht verloren hast. Der siebende Mann entgegnet: Noch seltsamer als das, was du gesagt hast, ist, daß ich mich so gräme, wenn ich das nicht finde, was ich nicht verloren habe.

Sufi-Parabel

❖ 22 ❖

Am Ort der wahren Ruhe, im heiteren Himmel der Einsicht verweilt man wie im Schlaf. Der Mensch kann nicht von sich aus darin Einblick nehmen, seine Vernunft vermag nicht darin einzudringen.
So ist es gut für dich, in diese Art Schlaf zu versinken: Schlummere ein im Vergessen menschlichen Grübelns, Empfindens und Begehrens, damit du solche Träume träumen kannst.

Gilbert von Hoyland

❖ 23 ❖

Wer sich stets aus der Zerstreuung ins Vielfältige auf das eine Notwendige sammelt, der ruht, auch wenn er arbeitet. Umgekehrt leidet jemand, der sich nicht auf diese Mitte ausrichtet, auch dann unter Unruhe, wenn er ruht.

Guerric von Igny

❖ 24 ❖

Du warst bei mir, und ich war nicht bei dir. Von dir zog mich
weg, was gar nicht wäre, wäre es nicht in dir. Du hast gerufen
und geschrien und meine Taubheit durchbrochen. Du hast
geblitzt und gestrahlt und meine Blindheit verscheucht. Du hast
gebrannt, und ich habe den Duft des Rauches gerochen, und
jetzt bin ich süchtig nach dir. Ich habe es verschmeckt, und jetzt
treiben mich Hunger und Durst um. Du hast mich berührt, und
ich brenne nach deinem Frieden.

Augustinus

❖ 25 ❖

Als mein Haus abbrannte, behinderte nichts meine Sicht auf den
nächtlichen Mond.

Spruch eines Zen-Mönchs

❖ 26 ❖

Ein Jagdhund läuft vielfältig hin und her, wenn er einen Hasen
zu suchen anfängt, den er noch nie gesehen hat. Wenn nicht
seine Natur irgendeinen Eindruck von der Beschaffenheit des
Hasen hätte, würde er sich nicht angetrieben fühlen zu laufen;
denn er würde sich ins Leere hinein abmühen, wenn er nichts
von ihm wüßte. Ebenso geschieht es unserer geistigen Natur, die
sich zur Wahrheit als zu ihrem Leben hingezogen fühlt.

Nikolaus von Kues

❖ 27 ❖

Die längste Reise
ist die Reise nach innen.
Wer sein Los gewählt hat,
wer die Fahrt begann
zu seiner eigenen Tiefe
(gibt es denn Tiefe?) –
noch unter euch ist er außerhalb der Gemeinschaft,
abgesondert in eurem Gefühl
gleich einem Sterbenden
oder wie einer, den der nahende Abschied
vorzeitig weiht
zu jeglicher Menschen endlicher Einsamkeit.

Dag Hammarskjöld

❖ 28 ❖

In der Zelle und im Kloster, in der Kirche und in der Synagoge:
Hier fürchtet einer die Hölle, dort träumt er vom Paradies.
Wer die wahren Geheimnisse seines Gottes erkennt,
Versenkt derlei Samen nicht in sein Herz.

Omar Chaijám

❖ 29 ❖

Der Ort, an dem wir Ewigkeit erfahren, ist dieses unser Leben.
Auch wenn wir sie hier vor allem als Negativ, als brennende
Sehnsucht, als Mangel erfahren. Aber wieso meinen wir denn,
daß uns die Ewigkeit zustände? Wieso denkt der Mensch von
sich so groß, ohne daß er je den realen Erweis dafür erbracht
hätte, daß er wirklich so groß ist? Wie sollte der Begriff der
Ewigkeit in die Existenz des Menschen eingedrungen sein,
wenn er nicht auf diese Wirklichkeit hin geschaffen wäre?

Ruth Pfau

❖ 30 ❖

Es gibt viele Dinge,
die uns Gott nur mit ganz leiser Stimme anvertrauen möchte.

Paul Claudel

❖ 31 ❖

Gott ist uns inwendiger, als wir es uns selbst sind, und sein
inwendiges Drängen oder Wirken in uns ist uns näher und
inniger als unser eigenes Wirken. Und deshalb wirkt Gott in uns
von innen nach außen, während alle Geschöpfe auf uns von
außen nach innen wirken.

Jan van Ruysbroek

27

ERWACHEN

❖ **1** ❖

Wann du dich willst in Gott und seinen Abgrund senken,
So mußt du nicht an Ihn, auch nicht an dich gedenken.

Daniel Czepko

❖ **2** ❖

Du kamst in der Morgendämmerung an meine Tür und sangst;
es verdroß mich, daß ich aus dem Schlaf geweckt wurde,
und du gingst unbeachtet wieder fort.
Du kamst am Mittag und batest um Wasser; es störte mich in
meiner Arbeit, und du wurdest mit harten Worten fortgeschickt.
Du kamst am Abend mit deiner brennenden Fackel.
Ich erschrak vor dir und verschloß die Tür.
Jetzt in der Mitternachtsstunde sitze ich allein in meinem
dunklen Zimmer und rufe nach dir, den ich mit Schimpf von mir
wies.

Rabindranath Tagore

❖ **3** ❖

Andere fliegen, indem sie in der Kontemplation leben.
Fliege du, indem du liebst.

Guerric von Igny

❖ **4** ❖

Wie der Fisch, der in der Weite der Flut schwimmt und in der
Tiefe ruht, und wie der Vogel, der in der Geräumigkeit und in
der Höhe der Luft fliegt, so fühlt der Mensch, wie sein Geist sich
frei bewegt in der Tiefe und in der Geräumigkeit und in der
Höhe der Liebe.

Beatrijs van Nazareth

❖ **5** ❖

Der eigentliche Lärm ist der Widerhall der Dinge in uns. Wer
spricht, unterbricht damit nicht schon das Schweigen.

Madeleine Delbrêl

❖ 6 ❖

Ich habe eine Frau gekannt, die aus Gefälligkeit ihrem Mann
zuliebe mit ihm Karten spielte, und währenddessen so mächtige
und innere Erfahrungen der Gegenwart Gottes machte, wie sie
kaum jemals während des inbrünstigen Gebetes erfahren hatte.

Madame J. M. B. de la Mothe Guyon

❖ 7 ❖

Mensch, so du etwas liebst, so liebst du nichts fürwahr.
Gott ist nicht dies und das, drum laß das Etwas gar.

Angelus Silesius

❖ 8 ❖

Liebe will nicht müßig sein; sie will den unergründlichen
Reichtum, der auf ihrem Grunde lebt, durchforschen und
durchkosten: das ist ihr unstillbarer Hunger. Fortwährendes
Streben nach dem Unerreichbaren ist aber ein Schwimmen
gegen den Strom. Man kann es nicht fassen noch lassen, nicht
entbehren noch erlangen, nicht verschweigen noch
aussprechen, denn es ist über aller Rede und allen Verstand und
überbietet alles Geschaffene.

Jan van Ruysbroek

❖ **9** ❖

„Arm im Geiste" (Matthäus 5, 3) heißt: So wie das Auge bloß ist an Farbe und empfänglich für alle Farben, so ist der, der arm im Geiste ist, empfänglich für allen Geist, und aller Geister Geist ist Gott. Bloß, arm sein, nichts haben, leer sein verwandelt die Natur; Leere macht Wasser bergauf steigen und noch manch anderes Wunder, wovon nun nicht gesprochen werden soll.

Meister Eckhart

❖ **10** ❖

Vielleicht bin ich nur ein Bildschnitzer
und nun schnitz ich Gottes Bildnis an allem.

Christian Morgenstern

❖ **11** ❖

Notwendigkeit eines Lohnes, Bedürfnis, den Gegenwert dessen zu empfangen, was man gibt. Läßt man jedoch, diese Nötigung, dieses Bedürfnis überwindend, eine Leere, so entsteht etwas wie ein Luftzug, und ein übernatürlicher Lohn fällt uns zu.

Simone Weil

❖ 12 ❖

(Gott spricht zum Menschen:) Wie ich in meiner ewigen
Ungewordenheit das Gut bin, das da unendlich ist, so bist du
nach deinem Verlangen unergründlich; und so wenig ein kleines
Tröpflein in der hohen Tiefe des Meeres etwas ausmacht, ebenso
wenig vermag zur Erfüllung deines Verlangens alles, was die
Welt nur leisten kann.

Heinrich Seuse

❖ 13 ❖

Um hinzukommen zum Schmecken des Alles,
kümmre dich nicht und schmecke in nichts.
Um hinzukommen zum Wissen des Alles,
Kümmre dich nicht und wisse in nichts.
Um hinzukommen zum Sein des Alles,
Kümmre dich nicht und sei in nichts.
Um hinzukommen zum Was-du-nicht-bist,
Mußt du hindurch, dort, wo du nichts bist.

Johannes vom Kreuz

❖ 14 ❖

Das rechte Verhalten, das du den dich anziehenden Geschöpfen gegenüber einnehmen mußt, ist nicht, geradewegs auf sie zuzulaufen, sondern mit ihnen zu Gott hin zu konvergieren, den du durch sie hindurch suchst. Sei deshalb keusch, meine Seele.

Pierre Teilhard de Chardin

❖ 15 ❖

Dieser Ort in dir, aus dem dein Ich aufquillt,
ist ein gar kostbar Ding, das in tiefes Wasser gefallen.
Willst du es finden, so tauche flugs hinein,
ins Innere deines auf sich selbst gerichteten Geistes,
wie der Taucher, der sich in die Tiefe des Meeres stürzt
mit geschlossenem Mund und verhaltenem Atem.

Ulladu Nârpadu

❖ 16 ❖

Die Seele kann es nicht ertragen, daß Gott über ihr sei. Wenn er nicht in ihr ist, so kann sie nimmer zur Ruhe kommen.

Meister Eckhart

❖ 17 ❖

Eine Taube ruft am Morgen mir ins Ohr,
singt betrübte Weisen durch das Waldrevier;
ihres Freundes denkt sie und der guten Zeit,
weint aus Kummer und erregt den Kummer mir.
O, ihr Weinen hat den Schlaf mir oft geraubt,
und geraubt hat oft den Schlaf mein Weinen ihr.
Meine Klage, ach, versteht sie nicht,
ihre Klage – ich versteh sie nicht von ihr.
Aber daß ihr etwas fehlt, das fühl ich wohl,
daß mir etwas fehlt, das fühlt sie wohl mit mir.

Abu Bekr Asch-Schibli

❖ 18 ❖

Ich denke da an mich selbst, wie es in mir hin und her treibt und
bald dies und bald das die Herrschaft hat – und daß alles ein einziges
Herzquälen ist und ich dabei auf keinen grünen Zweig komme. Und
dann denke ich, wie gut es für mich wäre, wenn doch Gott allem
Hin und Her ein Ende machen und mich selbst führen wollte.

Matthias Claudius

❖ 19 ❖

Wenn ich in Deiner Liebe erwache, wird die Nacht meiner Ruhe
zu Ende sein.
Deine Morgensonne wird mein Herz mit der Berührung ihres
Feuers prüfen und meine Reise wird auf ihrer Bahn sieghaften
Leidens beginnen.
Ich werde den Mut finden, des Todes Drohung zu trotzen und
Deine Stimme mitten ins Herz von Hohn und Gefahr
hineintragen.
Ich werde meine Brust dem Unrecht, das man Deinen Kindern
antut, nackt entgegenhalten und es wagen, an Deiner Seite
auszuharren, wo niemand außer Dir mehr widersteht.

Rabindranath Tagore

❖ 20 ❖

Die Welt, die hält dich nicht, du selber bist die Welt,
Die dich in dir mit dir so stark gefangen hält.

Angelus Silesius

❖ 21 ❖

Ich finde dich in allen diesen Dingen,
denen ich gut und wie ein Bruder bin;
als Same sonnst du dich in den geringen,
und in den großen gibst du groß dich hin.

Rainer Maria Rilke

❖ 22 ❖

Der Geist Gottes bläst uns nach außen, damit wir der Liebe und
der Tugendwerke pflegen sollen; aber er saugt uns ebenso in sich
hinein, damit wir uns der Rast und dem Genießen hingeben
sollen: Und dieses ist das ewige Leben.

Jan van Ruysbroek

❖ 23 ❖

Gott ist der Seelen Ruh. Daraus ist sie gefallen.
Was sie in Einem hat, das suchet sie in Allen.

Daniel Czepko

❖ 24 ❖

Schaut auf den ewigen Lichtglanz: Diese unzugängliche Helle hat sich so gedämpft, daß auch der Mensch mit seinen schwachen Augen in sie blicken kann. Schaut sie im Schimmern einer Scherbe, schaut die Sonne in der Wolke, schaut Gott im Menschen. Seht im tönernen Gefäß unseres Fleisches den Glanz der Herrlichkeit, erkennt darin den Widerschein des ewigen Lichtes.

Guerric von Igny

❖ 25 ❖

Seit meiner Kindheit Tagen habe ich, wenn ich ganz allein war, oft eine Art wachen Trance-Zustandes gehabt. Er überkam mich, wenn ich mir selbst meinen Namen so lange leise vorsprach, bis schließlich, gleichsam durch die Intensität des Ichbewußtseins, das Ich selbst sich aufzulösen und in das unbegrenzte Sein zu verlieren schien. Das war kein wirrer, sondern ein durchaus klarer, aber ganz unbeschreiblicher Zustand. Der Tod erschien mir fast als eine lächerliche Unmöglichkeit, denn der Verlust der Persönlichkeit erschien nicht als Vergehen, sondern als das einzig wahre Leben. Ich schäme mich meiner matten Schilderung; aber ich habe ja gesagt, der Zustand sei ganz unbeschreiblich.
Beim allmächtigen Gott, es gibt keine Täuschung darüber! Es ist keine nebelhafte Ekstase, sondern ein Zustand ehrfürchtigen Erstaunens, verbunden mit absoluter Verstandesklarheit.

Alfred Tennyson

❖ 26 ❖

Wer mit Gott vereinigt ist, der wird im Verein mit Gott ebben und fluten und allzeit im Besitze und im Genusse der Ruhe sein. Er wird wirken und ertragen und alle Zeit in seinem Überwesen ruhen, ohne Furcht. Er wird hinausgehen und heimkehren und Speise finden an allen Orten. Er ist von Liebe trunken und in dem hellen Dunkel Gottes entschlafen.

Jan van Ruysbroek

❖ 27 ❖

Gott ist die Heimat aller Menschen. Er ist unsere einzige Sehnsucht. Gott ist im Innersten aller Kreaturen verborgen und ruft uns. Das ist die geheimnisvolle Ausstrahlung, die von allen Wesen ausgeht. Wir hören seinen Ruf in der Tiefe unseres Wesens wie die Lerche, die in der Frühe von ihrer Gefährtin geweckt wird, oder wie Julia, die Romeo unter ihrem Balkon pfeifen hört.

Ernesto Cardenal

❖ 28 ❖

Die Schau packt dich.
Schaudernd fühlst du dich klein.
Das Staunen reißt dich empor.
Du wirst hingerissen und eins.

Gilbert von Hoyland

❖ 29 ❖

Die Macht, die ich erfahre in der Minne Wesen,
stürzt meinen Sinn in Abenteuer.
Nicht Form hat's, noch Weise, noch äußere Gestalt,
doch schmecken läßt sich dies Geschöpf.
Der Stoff ist's, der mir Seligkeit bewirkt.

Hadewijch von Antwerpen

AUFBRUCH

❖ 1 ❖

Wir horchen in uns hinein – und wissen nicht, welchen Meeres Rauschen wir hören.

Martin Buber

❖ 2 ❖

Sagt nicht zuviel Böses von den Vagabunden, da ihr's doch alle sein werdet – auch die Gewichtigsten, Gesetztesten unter euch – in einem gewissen Augenblick wenigstens; Leute, die sich aufmachen, ohne zu wissen, wo sie abends sich hinlegen werden, Abenteurer auf der Entdeckungsfahrt zu einer neuen Welt. Und welche Welt! Ohne es je erblickt zu haben, werdet ihr plötzlich das unsichtbare All wiedererkennen, zu dem euer Leib keinen Zugang besaß, von dem ihr sorgsam den inneren Blick abwendetet ... aber wo eure Seele bereits, lange schon, fast ohne daß ihr es wußtet, ihre Angewöhnungen, ihre Geschichte, ihr Leben besaß, wo sie sich heimlich, verschwiegen bewegte, wie jene Fische des Abgrunds, die zuweilen das Blei einer Sonde ans Tageslicht bringt. Dort atmen die großen Leidenschaften, von denen die meisten nur den äußersten, kaum noch merklichen Wellenschlag an der Oberfläche ihres armen Lebens kennen, dort lassen sich die geheimnisvollen Kräfte überraschen und fassen.

Georges Bernanos

❖ **3** ❖

Ich wanderte in vielem Winde,
da triebst du tausendmal darin.
Ich bringe alles, was ich finde:
als Becher brauchte dich der Blinde,
sehr tief verbarg dich das Gesinde,
der Bettler aber hielt dich hin;
und manchmal war bei einem Kinde
ein großes Stück von deinem Sinn.

Rainer Maria Rilke

❖ **4** ❖

Der Fisch kann im Wasser nicht ertrinken, der Vogel in der Luft
nicht versinken. Das Gold kann im Feuer nicht verderben, es
empfängt da seine Reinheit und seine leuchtende Farbe. Gott hat
allen Kreaturen das gegeben, daß sie ihrer Natur nach leben.
Wie könnte ich da meiner Natur widerstehen? Ich mußte aus
allen Dingen in Gott gehen, der mein Vater ist von Natur, mein
Bruder von seiner Menschheit, mein Bräutigam von Liebe und
ich sein ohne Anfang.

Mechthild von Magdeburg

❖ 5 ❖

Wer absichtlich in die Sonne schaut, füllt notwendig die Augen im Übermaß mit Licht; wer sich immer dem Bereich seines Herzens zuwendet, muß erleuchtet werden.

Hesychios der Sinait

❖ 6 ❖

Mein Geist ist wie ein Sein, er ahnt dem Wesen nach,
von dem er urentstand und anfangs ausgebrach.

Angelus Silesius

❖ 7 ❖

Wenn man weder Gott erlangen kann, noch seiner entbehren
will und entbehren kann, so entsteht aus diesem Zwiespalt im
Menschen Liebesdurst und Ruhelosigkeit von außen und von
innen.

Zur Zeit, da der Mensch so liebewütig ist, kann ihm kein
Geschöpf weder im Himmel noch auf Erden zur Ruhe noch zu
sonst etwas verhelfen. Solange diese Liebeswut des Herzens
andauert, ist man bereit, alles zu leiden, was man leiden kann,
damit man erlangt, was man liebt. Liebeswut ist eine innere
Ruhelosigkeit, die nur ungern auf Vernunft hört oder ihr folgen
will, solange sie nicht erlangt hat, was sie liebt.

Jan van Ruysbroeck

❖ 8 ❖

So weit bist du in Gott, als du bist in Frieden, und so weit außer
Gott, als du bist außer Frieden. Ist etwas eins in Gott, das hat
auch Frieden; soweit in Gott, soweit im Frieden. Daran erkenne
jeweils, wie weit du in Gott bist, und wenn es anders wäre:
woher dir dann Friede und Unfriede kommt.

Meister Eckhart

❖ 9 ❖

In der Hingabe an Gott ist, wie bei einem Raumflug, das Schwierige der Start; dieser wird immer schwerer und schwerer, bis man den Einfluß der Schwerkraft überwunden hat und an den *point of no return* gelangt. Und von da ab wird die Reise immer leichter, und man wird mehr und mehr von dem Ort angezogen, zu dem man hinfliegt.

Ernesto Cardenal

❖ 10 ❖

Schau aufmerksam jedes Geschöpf an, vom großartigsten bis zum geringsten Würmlein. Du wirst bestimmt in jedem eine Spur der Güte Gottes entdecken. Seine Liebe west in allen Dingen. Sie ist wesenhaft in ihnen gegenwärtig, in steter, unbegreiflicher, bleibender Einfachheit.

Aelred von Rievaulx

❖ 11 ❖

Der Mensch entrinnt den Gesetzen dieser Welt nur auf die Dauer eines Blitzstrahls. Augenblicke des Innehaltens, der Kontemplation, der reinen Intuition, der geistigen Leere, der Hinnahme der sittlichen Leere. Durch diese Augenblicke ist er des Übernatürlichen fähig.

Simone Weil

❖ 12 ❖

Schaffe Leere bis zum Höchsten!
Wahre die Stille bis zum Völligsten!
Alle Dinge mögen sich dann zugleich erheben.
Ich schaue, wie sie sich wenden.
Die Dinge in all ihrer Menge,
ein jedes kehrt zurück zu seiner Wurzel.
Rückkehr zur Wurzel heißt Stille.
Stille heißt Wendung zum Schicksal.
Wendung zum Schicksal heißt Ewigkeit.
Erkenntnis der Ewigkeit heißt Klarheit.

Laotse

❖ 13 ❖

Ich danke dir, du tiefe Kraft,
die immer leise mit mir schafft
wie hinter vielen Wänden;
jetzt ward mir erst der Werktag schlicht
und wie ein heiliges Gesicht
zu meinen dunklen Händen.

Rainer Maria Rilke

❖ 14 ❖

Arm und reich, hungrig und satt, tätig und müßig, diese Dinge
sind ein für allemal gegensätzlich; indes liegt gerade darin unser
höchster Wert, jetzt und ewig; wir können nun einmal nicht
ganz Gott werden und unsere irdische Geschaffenheit verlieren;
das ist unmöglich. Deshalb sollen wir uns gleichzeitig vollständig
in Gott und vollständig in uns selbst fühlen; inmitten dieser
Gefühle finden wir die Gnade Gottes und das Erlebnis unserer
Liebe.

Jan van Ruysbroek

❖ 15 ❖

Ich bin wie eine Brieftaube, die man vom Urquell der Dinge in
ein fernes, fremdes Land getragen und dort freigelassen hat. Sie
trachtet ihr ganzes Leben nach der einstigen Heimat, ruhlos
durchmißt sie das Land nach allen Seiten. Und oft fällt sie zu
Boden in ihrer großen Müdigkeit, und man kommt, hebt sie auf
und will sie ans Haus gewöhnen. Aber sobald sie die Flügel nur
wieder fühlt, fliegt sie von neuem fort, auf die einzige Fahrt, die
ihrer Sehnsucht genügt, die unvermeidliche Suche nach dem
Ort ihres Ursprungs.

Christian Morgenstern

❖ 16 ❖

Halte danach Ausschau –
du siehst es nicht;
horche darauf –
du hörst es nicht;
fasse danach –
du ergreifst es nicht;
begegne ihm –
du siehst kein Gesicht;
folge ihm –
du siehst keinen Rücken;
aufgehend ins Helle –
ohne Licht;
sich bergend im Dunkeln –
ohne Nacht;
gestaltlose Form –
zeichenloses Bild –
Ursprung: TAO.

Laotse

❖ 17 ❖

Du hast mich in Träumen besucht
doch die Leere, die zurückblieb, als du gingst,
war Wirklichkeit.

Ernesto Cardenal

❖ 18 ❖

Die Behauptung, Ihn zu kennen, ist Unwissenheit;
Ihm fortwährend zu dienen, ist Mangel an Ehrfurcht;
sich zu hüten vor dem Kampf mit Ihm ist Verrücktheit;
sich täuschen zu lassen von Seinem Frieden, ist Dummheit.
Disputation über Seine Attribute ist Verwirrung;
Schweigen hinsichtlich Seiner Anerkennung ist Furchtsamkeit;
Nähe bei Ihm zu suchen, ist Kühnheit;
mit Seiner Ferne sich dankbar zufrieden zu geben, ist niedrige
Gesinnung.

Al-Halladsch

❖ 19 ❖

In jener Nacht, als der Sturm meine Tür einbrach, da wußte ich
nicht, daß über die Trümmer hinweg du in mein Zimmer tratest.
Denn die Lampe war erloschen, und es war finster um mich her.
Ich streckte meine Arme hilfesuchend zum Himmel.
Ich lag im Staube und wartete im stürmischen Dunkel
und wußte nicht, daß der Sturm dein Banner war.
Als der Morgen kam, sah ich dich stehen auf der Leere, die über
mein Haus gebreitet war.

Rabindranath Tagore

❖ 20 ❖

Wann du in Einem All, und Einen suchst in Allen:
Stehst du, wo Adam stund, eh als er war gefallen.

Daniel Czepko

❖ 21 ❖

Der Seele, die ihren Schöpfer sieht, wird die ganze Schöpfung
eng. Schaut sie auch nur ein wenig Licht des Schöpfers, so
kommt ihr alles klein vor, was erschaffen ist. Das Licht, das sie im
Inneren schaut, macht sie in diesem Inneren weit. Es dehnt sie so
in Gott aus, daß die Seele über die Welt und auch sich selbst
hinausgehoben wird.

Gregor der Große

❖ 22 ❖

In jedem Menschen selbst ist das Licht und Liebe, er ist das
Eigentum des Lichts; und er wird von einem Lichte nicht
erleuchtet wie ein dunkler Körper, der nur fremden Glanz trägt,
sondern sein eigener Feuerstoff gerät in Brand und ist seine
eigene Flamme.

Georg Wilhelm Friedrich Hegel

❖ 23 ❖

Der Gott sucht, dessen Laufen rennt seinen Offenbarungen
voran,
den Gott sucht, dessen Offenbarungen überholen sein Laufen.

Husain al Hallâdsch

❖ 24 ❖

Zuweilen führst du mich nach innen, läßt mich den Raum eines
ganz ungewohnten Empfindens betreten, eines mir sonst
unbekannten seligen Glücks. Unvorstellbar ist mir, wie das wäre,
würde es sich ganz an mir erfüllen – es wäre kein Leben wie das
jetzige. Aber ich falle in dessen Last und Mühsal zurück. Das
übliche nimmt mich wieder in Beschlag. Es fesselt mich, ich
klage darüber, aber es läßt mich nicht los. So zäh ist die Last der
Gewohnheit! Hier, wo ich bin, will ich nicht sein; dort, wo ich
sein will, kann ich nicht sein. Für beides bin ich ungeeignet.

Augustinus

❖ 25 ❖

Ich weiß nicht, wer – oder was – die Frage stellte. Ich weiß
nicht, wann sie gestellt wurde. Ich weiß nicht, ob ich
antwortete. Aber einmal antwortete ich *ja* zu jemandem –
oder zu etwas.
Von dieser Stunde her rührt die Gewißheit, daß das Dasein
sinnvoll ist und daß darum mein Leben, in Unterwerfung,
ein Ziel hat.
Seit dieser Stunde habe ich gewußt, was das heißt, „nicht hinter
sich zu schauen", „nicht für den anderen Tag zu sorgen".

Dag Hammarskjöld

❖ 26 ❖

Wem Gott nicht innewohnt, sondern wer Gott beständig von
draußen her nehmen muß, der *hat* Gott nicht. Und darum
hindert ihn nicht nur böse Gesellschaft, sondern ihn hindert
auch die gute, und nicht allein die Straße, sondern auch die
Kirche, und nicht allein böse Worte und Werke, sondern auch
gute Worte und Werke. Denn das Hindernis liegt in *ihm*, weil
Gott in ihm noch nicht alle Dinge geworden ist. Denn wäre dies
so bei ihm, so wäre ihm an *allen* Stätten und bei *allen* Leuten
gar recht und wohl; denn er *hat* Gott, und den könnte ihm
niemand nehmen.

Meister Eckhart

❖ 27 ❖

Was aber liebe ich, wenn ich dich liebe? Nicht anmutige äußere Gestalt, nicht reich erfüllte Zeit, nicht strahlendes, meinem Auge schmeichelndes Licht, nicht berauschende Musik und Melodien, nicht betörende Blumen und Gerüche und Aromen; nicht Manna und nicht Honig, nicht die köstliche Umarmung leibhaftiger Glieder – nicht all das liebe ich, wenn ich meinen Gott liebe. Und dennoch liebe ich ein Licht, einen Klang, einen Duft, eine Kost, eine Umarmung, wenn ich meinen Gott liebe: Licht, Klang, Duft, Kost und Umarmung dem inneren Menschen nach. Dort blitzt meiner Seele auf, was kein Ort erfaßt, klingt, was nicht die Zeit verscheucht, duftet, was kein Wind verweht, koste ich, was keine Sättigung legt, schmiegt sich an, was nie ein Satthaben wieder löst. Das ist es, was ich liebe, wenn ich meinen Gott liebe.

Augustinus

❖ 28 ❖

Ungeheures muß in uns geschehen, damit wir die Bewegung vollziehen. Aber wenn das Ungeheure geschieht, ist es die große Umkehr, die Gott erwartet. Die Verzweiflung sprengt das Verließ der heimlichen Kräfte. Die Quellen der Urtiefe brechen auf.

Martin Buber

❖ 29 ❖

Niemand braucht beiseite gedrängt zu werden, um Dir Platz zu machen.
Wenn die Liebe Dir den Sitz bereitet, bereitet sie ihn allen.
Wo der irdische König erscheint, halten Wachen die Menge fern, aber wenn Du, mein König, kommst, kommt die ganze Welt in Deinem Gefolge.

Rabindranath Tagore

❖ 30 ❖

Gott wohnt im Herzen jedes Menschen. Er wohnt darin in der Stille. Gott ist sehr scheu. Er ist still wie ein Regenbogen. Ein Regenbogen aus Regen und Sonnenschein, der auf einen verborgenen Schatz deutet. Zeichen eines Versprechens nach allem Streit, einer Verheißung, die nie widerrufen wird.

Matthew Kelty

❖ 31 ❖

Sattsein und Hungern, beides in einem,
Das ist der freien Minne Kostgeld.
Darum wissen alle nur zu gut,
Die die Minne selbst hat angerührt.

Hadewijch von Antwerpen

KNOSPEN

❖ 1 ❖

Willst du Gott sehen? Blicke das Gesicht deines Nachbarn an.
Möchtest du ihn hören? Lausche auf das Weinen eines Kindes,
das laute Gelächter einer Party, auf das Rascheln der Bäume im
Wind. Möchtest du ihn berühren? Fasse jemanden bei der Hand.
Oder berühre den Stuhl, auf dem du sitzt, oder das Buch, das du
liest. Oder werde nur still, werde dir der Empfindungen
deines Körpers bewußt, spüre, wie seine Allmacht in dir am
Werk ist und wie nahe er dir ist.

Anthony de Mello

❖ 2 ❖

Ich glaube keinen Tod; sterb ich doch alle Stunden,
So hab ich jedesmal ein besser Leben funden.

Angelus Silesius

❖ 3 ❖

Das Flackern eines Lichtes in der Dämmerung der Wüste –
Da bist Du.
Das gequälte Ritual des Magiers, verrichtet in müder Pflichterfüllung –
Da bist Du.
Die Bewegung in Antwort auf eine andere Bewegung –
Da bist Du.
Nicht im Buch des Schriftgelehrten, aber im Lächeln darüber –
Da bist Du.
In der Anmut der Anmutigen, nicht in den Gedanken der
Anmutigen –
Da bist Du.
Die Frage und die Antwort: zwischen diesen beiden, nicht in
beiden –
Da bist Du.

Haykali

❖ 4 ❖

Einem Menschen ward einst geoffenbart, wie er sich lassen
sollte. Er sollte tun, als ob er in dem tiefen Meer auf seinem
Mantel säße, und eine Meile umher solle kein Land sein, nicht
fern noch nah. Was wollte er tun? Er könnte weder rufen noch
schwimmen noch waten, er müßte sich Gott lassen. Also sollte
sich der Mensch allzeit Gott lassen, wenn er in Wahrheit ein
gelassener Mensch sein will.

Heinrich Seuse

❖ 5 ❖

Als ich ein Kind war, suchte ich Gott, unverwandt ins Licht
blickend, das von oben kam.
Als ich heranwuchs, suchte ich ihn bei den Brüdern, die um
mich waren.
Als ich in der Mitte des Lebens war, suchte ich ihn auf den
Pisten der Wüste.
Nun da mein Weg dem Ende zugeht, genügt es mir, die Augen
zu schließen, und ich finde ihn in mir.

Carlo Carretto

❖ 6 ❖

O Leute, rettet mich vor Gott! O Leute, rettet mich vor Gott! O
Leute, rettet mich vor Gott! Denn Er hat mich mir selbst
entrissen und gibt mich mir nicht zurück, und ich kann auf diese
Gegenwart keine Rücksicht nehmen, und ich fürchte mich vor
der Trennung, daß ich abwesend und Seiner beraubt sein werde.
Wehe über den, dem Abwesenheit zuteil wird nach der
Anwesenheit und Trennung nach der Vereinigung!

Al-Halladsch

❖ 7 ❖

Kein Ding ist zu schlecht und zu gering, zu schön oder zu faszinierend, als daß man in ihm nicht Gott suchen und finden könnte. Vorausgesetzt, man sucht wirklich, man nimmt sich die Zeit, man entwickelt die Disziplin, damit man Ihm Raum schaffen kann. Für einen Freund muß man Zeit haben.

Ruth Pfau

❖ 8 ❖

Des Glaubens Nacht – so dunkel, daß wir nicht einmal den Glauben suchen dürfen. Es geschieht in der Gethsemanenacht, wenn die letzten Freunde schlafen, alle anderen deinen Untergang suchen und Gott schweigt, daß die Vereinigung geschieht.

Dag Hammarskjöld

❖ 9 ❖

Wenn wir über alle Namen, die wir Gott und den Lebewesen beilegen, uns selber absterben und hinübergleiten in eine ewige Unbenennbarkeit, wo wir uns verlieren; wenn wir über alle Übungen der Tugend hinaus in uns selber eine ewige Leerheit erfahren und wahrnehmen, worin niemand mehr wirken kann: Dann erblicken wir, jenseits aller seligen Geister, ein grenzenloses Glücksgefühl, worin wir alle eins sind und selber zu diesem Einssein werden, welches die Seligkeit an sich ist.

Jan van Ruysbroek

❖ 10 ❖

Auch nach der Einkehrung in Gott geht die Welt uns nicht verloren; sie erhält nur eine andere Bedeutung; und wird aus einem für sich selbständigen Sein, für welches wir vorher sie hielten, lediglich zur Erscheinung und Äußerung des in sich verborgenen göttlichen Wesens.

Johann Gottlieb Fichte

❖ 11 ❖

Nur wer an die Welt glaubt, bekommt es mit ihr selbst zu tun; und gibt er sich dran, kann er auch nicht gottlos bleiben. Lieben wir die wirkliche, die sich nie aufheben lassen will, nur wirklich in all ihrem Grauen, wagen wir es nur, die Arme unseres Geistes um sie zu legen: und unsre Hände begegnen den Händen, die sie halten.

Martin Buber

❖ 12 ❖

Du sollst das Leben kennen und von ihm erkannt werden nach dem Maß deiner Durchsichtigkeit – das heißt nach dem Maß deines Vermögens, als *Ziel* zu verschwinden und als *Mittel* zu bleiben.

Dag Hammarskjöld

❖ 13 ❖

Wir sind wie Adern im Basalte
in Gottes harter Herrlichkeit.

Rainer Maria Rilke

❖ 14 ❖

Wem es bestimmt ist, der muß einmal im Leben so einsam, so
vollkommen einsam werden, daß er in sein innerstes Ich
zurückgezogen ist.
Dann ist man plötzlich nicht mehr allein. Man findet: unser
innerstes Ich ist der Geist selbst, ist Gott, ist das Unteilbare. Und
damit ist man wieder mitten in der Welt, von ihrem Vielerlei
unangefochten, denn man weiß sich im Innersten eins mit allem
Sein.

Hermann Hesse

❖ 15 ❖

Die Nichtwissenheit wissen
ist das Höchste.
Nicht wissen, was Wissen ist,
ist ein Leiden.
Nur wenn man unter diesem Leiden leidet,
wird man frei von Leiden.
Daß der Berufene nicht leidet,
kommt daher, daß er an diesem Leiden leidet;
darum leidet er nicht.

Laotse

❖ 16 ❖

Es mag ein Leiden noch so groß sein, kommt es auf dem Weg über Gott, so hat Gott es schon vorweg gelitten. Verachtung wird Ehre, Bitteres wird süß, die tiefste Finsternis wird klarstes Licht; alles nimmt Geschmack von Gott an und wird göttlich; denn was einem solchen Menschen dann auch begegnen mag, das bildet sich ihm aus Gott heraus, anderes sinnt er nicht, anderes spürt er nicht, und so erlebt er Gott in jeder Bitterkeit wie in der höchsten Wonne.

Meister Eckhart

❖ 17 ❖

Ist es nicht anzusehn, als gäbe es keinen Mond mehr? So ist es anzusehn, wenn etwas sich anschickt neu zu werden.

Martin Buber

❖ 18 ❖

Ich möchte aber, daß wir unseres Innern uns noch tiefer
annehmen, auf daß wir den Reichtum Gottes, der in unserem
Geiste lebt, noch näher und deutlicher erfahren. Und deswegen
sollen wir in uns einkehren und unsere nackte, der Bilder ledige
Klugheit ausliefern in die Wahrheit Gottes; die werden wir in
uns gespiegelt und umgekehrt uns in ihr zurückgespiegelt und
auf diese Weise uns mit ihr eins finden.

Jan van Ruysbroek

❖ 19 ❖

Göttliche Erleuchtungsstunden sind Muscheln, die im Meere
unseres Herzens liegen, der Morgen der Auferstehung wirft sie
ans Ufer und sie springen auf.

Husain al Hallâdsch

❖ 20 ❖

Im dunklen Bechergrund
Erscheint das Nicht des Lichts.
Der Gottheit dunkler Schein
Ist so: Das Licht des Nichts.

Wilhelm Weischedel

❖ 21 ❖

Unaufhörlich umgibt uns das Ewige und bietet sich uns dar, und wir haben nichts weiter zu tun, als dasselbe zu ergreifen. Einmal aber ergriffen, kann es nie wieder verloren werden. Der wahrhaftig Lebende hat es ergriffen, und besitzt es nun immerfort, in jedem Momente seines Daseins ganz und ungeteilt, in aller seiner Fülle, und ist darum selig in der Vereinigung mit dem Geliebten; unerschütterlich fest überzeugt, daß er es in alle Ewigkeit also genießen werde, – und dadurch gesichert gegen alle Zweifel, Besorgnis und Furcht.

Johann Gottlieb Fichte

❖ 22 ❖

Die Finsternis macht uns Angst, denn im Dunkel, das wir noch nicht gewohnt sind, sehen wir zu viel. Das erste, was man beim Hinabschauen in einen tiefen Brunnen sieht, ist das eigene Gesicht. Das ist zumindest enttäuschend, vielleicht sogar lästig. Schaut man länger hinein, erkennt man, was tiefer im Brunnen ist.

Matthew Kelty

❖ 23 ❖

Es steht geschrieben „Wahrlich, du bist ein Gott, der sich
verbirgt, Gott Israels, Heiland!" Gott Israels ist er als Heiland.
Aber Heiland ist er als der Gott, der sich verbirgt. Sein Heil
wächst im Verborgenen, und was da geschieht, ist eine
„unheimliche Arbeit".

Martin Buber

❖ 24 ❖

Ihr Leute, wenn Gott der Wirkliche sich eines Herzens
bemächtigt, entleert Er es von allem außer Ihm, und wenn Er
ständig mit jemand zusammen ist, läßt Er ihn von allem außer
Ihm entwerden, und wenn Er einen Diener liebt, drängt Er
Seine (anderen) Diener zur Feindschaft mit ihm, damit jener sich
Ihm zuwende und nahe.

Al-Halladsch

❖ 25 ❖

Jene, die den Weg der Achtsamkeit gehen,
Haften nicht an Orten, Menschen, Dingen.
Wie Schwäne erheben sie sich vom See,
Lassen Orte, Menschen, Dinge los.

Aus der buddhistischen Tradition

❖ 26 ❖

Wie können das Nichts und das Unermeßliche Nachbarn sein?
Weil die Liebe Flügel hat. Im raschen Flug ihrer glühenden
Sehnsucht überquert sie den gähnenden Abgrund. Ja, lieben
heißt: bereits in Händen halten; es heißt ähnlich und vereint
werden.

Gilbert von Hoyland

❖ 27 ❖

Während einer Diskussion über Gotteserfahrung sagte der
Meister: „Wenn Gott erfahren wird, verschwindet das Selbst.
Wer also wird den Prozeß des Erfahrens durchführen?"
„Ist Gottes-Erfahrung also eine Nicht-Erfahrung?"
„Sie ist wie der Schlaf", sagte der Meister, „und der wird nur
erfahren, wenn er zu Ende ist."

Anthony de Mello

❖ 28 ❖

Ich wäre nicht, mein Gott, ja ich wäre ganz und gar nicht, wenn nicht du in mir wärest. Oder eher: Ich wäre nicht, wenn ich nicht in dir wäre, „aus dem alles, durch den alles, in dem alles" ist. Wohin also soll ich dich rufen, da ich doch in dir bin? Oder von woher kämest du in mich?

Augustinus

❖ 29 ❖

Gottes Ruf ist wie die Stimme eines Vogels in der Nacht, die ruft und lockt. Und ein anderer Vogel antwortet in weiter Ferne. Er kommt näher heran, und der andere fliegt weiter, ist schon weit fort, immer wieder rufend und lockend. Der folgende Vogel kommt noch näher, doch schon läßt sich der andere in noch größerer Ferne hören. Zuletzt hört man die Stimme des folgenden Vogels auch ganz von weitem. Und beide Stimmen verlieren sich in der Nacht.

Ernesto Cardenal

❖ 30 ❖

Spalte das Herz eines jeden Atoms: aus seiner Mitte wird eine Sonne für dich erstrahlen. Wenn du alles, was du hast, der Liebe opferst, will ich ein Heide genannt sein, solltest du auch nur ein Molekül Verlust erleiden. Die Seele, die durch das Schmelzfeuer der Liebe gegangen ist, wird dich die Seele verwandelt schauen lassen. Wenn du der Beengtheit der Dimensionen entfliehst und die „Zeit dessen, was keinen Ort besitzt" erkennst, dann wirst du hören, was nie vernommen wurde, du wirst schauen, was nie geschaut wurde; bis sie dich einem Ort überantworten, wo du „eine Welt" und „Welten" als eins erkennst. Mit Herz und Seele sollst du das Einssein lieben, bis du mit dem wahren Auge die Einheit schauen wirst.

Saymed Ahmad Hatif

❖ **1** ❖

Du sollst nicht gedenken, daß dich Gott durch ein Wunder gerecht machen will. Wenn Gott in der strengen Winterkälte eine schöne Rose aufgehen lassen wollte, so vermöchte er's gar wohl, aber er tut es nicht, denn er will, daß es ordentlich geschehe im Mai, durch Reif, durch Tau und mancherlei Gewitter, die dazu geordnet und gefügt sind.

Heinrich Seuse

❖ **2** ❖

Die Welt, diese mit Händen greifbare Welt, der wir eine Langeweile und Respektlosigkeit entgegenbrachten, die für profane Orte angeht, diese Welt ist ein heiliger Ort, und wir wußten es nicht.

Pierre Teilhard de Chardin

❖ 3 ❖

Frühling ist's geworden.
Tausend Blüten entfalten ihren Liebreiz.
Für was? Für wen?
In tiefen Gebirgstälern und an steilen Hängen blühen Blumen,
die nie ein Menschenauge sieht, und sie vergehen wieder
ungesehen. Das Dasein existiert nicht für andere.
Es ist aus sich selbst, für sich selbst, durch sich selbst da.
In einsamer Gegend
zwischen Hochgebirgsfelsen
umkost vom flüsternden Windhauch
erfreut sich die Wildnelke ihrer selbst.
Die Schönheit der Natur ist die Selbstoffenbarung des Daseins.
Es ist schön, weil es einfach und absichtslos schön ist.

Katsuki Sekida

❖ 4 ❖

Es gibt in uns drinnen den Geliebten, dem wir begegnen müssen.
Ihn verkennen, heißt das Ganzsein verfehlen. Es genügt nicht,
sich der Nächstenliebe in tätiger Liebe zu widmen, sei sie noch so
großzügig und edel. Im Herzen eines jeden von uns gibt es ein
Bild des Geliebten. Ihn heißt es nicht nur erkennen, sondern
auch kennenlernen, lieben, umfangen. Der Mensch ist nicht zum
Alleinsein geboren. Er ist zur mystischen Liebe berufen, die von
Poesie und Musik lebt, sich von Zärtlichkeit und Mitleiden nährt.

Matthew Kelty

❖ 5 ❖

O höchster meiner Wünsche! Siehe, ich
  bin voll Verwundrung über Dich und mich.
Du nähertest mich Dir bis zu dem Nu,
  da ich vermeinte, Du bist wahrhaft ich.
Und als ich in Verzückung mich verlor,
  da ließest Du entwerden mich durch Dich.
Du bist in meinem Leben höchstes Heil,
  nach meinem Tode ew'ge Ruh für mich,
Und außer Dir ist niemand mir vertraut,
  denn Hoffnung hab ich nicht noch Furcht als Dich.
Der Garten Deiner Zeichen, reich erblüht,
  schließt jede Kunst und Weisheit ein in sich
Und wenn ich etwas wünsche, o mein Du,
  so bist Du jeder Wunsch und Traum für mich!

Al-Halladsch

❖ 6 ❖

Das Geschlecht ist ein Symbol der göttlichen Liebe. Der Sexus
ist Symbol und Sakrament, und alle Herabwürdigung ist
Sakrileg. Und als Sakrament und Symbol bedeutet er mehr als
seine tatsächliche Wirklichkeit. Er ist eine Realität, die eine
andere höhere Realität symbolisiert, er ist ein Zeichen.

Ernesto Cardenal

❖ 7 ❖

Was ist das, Furcht?"
„Wenn einem ist, als hielte er in seiner zitternden Hand beide,
Hirn und Herz, beisammen, und beide zittern
aneinandergedrängt."
„Und was ist das, Liebe?"
„Wenn die Hand fest wird und beide Ihm, gesegnet sei Er,
hinreicht."

Martin Buber

❖ 8 ❖

Zwischen Wirken und Ausruhen da spielt Liebe und Genießen
sich ab. Liebe will immerdar wirken, denn sie bildet mit Gott
eine ewige Wirksamkeit. Genuß möchte immerdar ruhen, denn
er ist, jenseits alles Wollens und Begehrens, eine Umarmung des
Liebsten mit dem Liebsten in bilderloser nackter Liebe.

Jan van Ruysbroek

❖ 9 ❖

Oft, wenn ich dich in Sinnen sehe,
verteilt sich deine Allgestalt;
du gehst wie lauter lichte Rehe,
und ich bin dunkel und bin Wald.

Rainer Maria Rilke

❖ 10 ❖

Wisset, meine Seele ist so jung, wie da sie geschaffen ward, ja
noch viel jünger. Und wisset, es sollte mich nicht wundern,
wenn sie morgen noch jünger wäre als heute.

Meister Eckhart

❖ 11 ❖

Die Seele hört stets, was sie nicht hört. Sie sieht oft, was sie
nicht sieht. Sie ist oft dort, wo sie nicht ist. Und sie spürt oft,
was sie nicht spürt. Sie hat ihren Vielgeliebten bei sich und sagt:
Er ist mein. Ich lasse ihn nicht gehen. Er ist in meinem Willen.
Mag kommen, was kommt. Er ist mit mir. Es wäre unrecht,
wollte ich mich beunruhigen.

Margarete Porete

❖ 12 ❖

Aus dem Licht der Seele steigt oft ein voller heller Schein und Klang, das heißt eine Erkenntnis, in der der Mensch oft mehr weiß und erkennt, als ihn irgend jemand lehren kann.

Johann Arndt

❖ 13 ❖

Die Dinge sind Worte für den, der sie versteht.
Als ob alles Telefon wäre oder Radio oder TV.
Worte in ein Ohr.
Hörst du jene Kröten?
Und weißt du, was sie uns sagen wollen?
Hörst du jene Sterne? Irgend etwas müssen sie uns sagen.
Der Chor der Dinge.
Geheime Melodien der Nacht.
Äolische Harfe, die allein erklingt nur durch die Berührung der Luft.

Ernesto Cardenal

❖ 14 ❖

Die Ros ist ohn Warum; sie blühet, weil sie blühet,
Sie acht' nicht ihrer selbst, fragt nicht, ob man sie siehet.

Angelus Silesius

❖ 15 ❖

Pfingsten: Plötzlich zerbricht das Licht die Türen, die Fessel der
Angst zerreißt, die Füße befreien sich, der Wind haucht uns Gott
ins Antlitz, die Liebe erhebt die Erde, die Freude kehrt alles um.
Jetzt erhellen sich die niedergeschlagenen Gedanken, finden sich
wieder zurecht, versöhnen sich, stimmen zusammen, erleuchten
einander... schweigen.

Marie Noël

❖ 16 ❖

Ein Mönch sagte einmal zu Fuketsu: „Ich hörte Euch einst
Erstaunliches sagen, und zwar, daß Wahrheit mitgeteilt werden
könne, ohne darüber zu reden, aber auch ohne zu schweigen.
Könnt Ihr mir das bitte erklären?"
Fuketsu antwortete: „Als ich ein kleiner Junge in Südchina war,
wie sangen da im Frühling die Vögel in den blühenden
Bäumen!"

Aus der buddhistischen Tradition

❖ 17 ❖

Ohne Zweifel ist die Seele um so seliger, je mehr Gott innen und nicht mehr außen ist. Denn er ist ein Wort, das nicht tönt, sondern eindringt; das nicht redet, sondern wirkt; das nicht in den Ohren klingt, sondern die innersten Strebungen liebvoll betört. Er hat kein Antlitz mit ganz bestimmt geformten Zügen, sondern er formt uns selbst zu seinem Antlitz.

Bernhard von Clairvaux

❖ 18 ❖

Der die Einheit im Herzen eingegraben hat, vergißt alles und vergißt sich selbst. Wenn man ihm sagt: „Bist du oder bist du nicht; hast du das Gefühl des Seins oder hast du es nicht; bist du in der Mitte oder bist du am Rande; bist du sichtbar oder verborgen; bist du vergänglich oder unsterblich; bist du das eine und das andere oder weder das eine noch das andere; bist du du selbst oder bist es nicht?" wird er antworten: „Ich weiß nichts davon, ich bin dessen unkundig und ich bin meiner unkundig. Ich bin verliebt, aber ich weiß nicht in wen; ich bin weder treu noch ungetreu. Was bin ich doch? Ich bin selbst meiner Liebe unkundig; ich habe das Herz von Liebe voll und von Liebe leer zugleich."

Farîd-ed-dîn Attâr

❖ 19 ❖

Für jeden gibt es einen Ort, an den er gehen kann, eine
Umgebung, die er sich gestalten kann, einen Hafen für sein
Herz. Man meint immer, es gebe solche Orte kaum. Das liegt
daran, daß so wenige sie allen Ernstes suchen. Liebende jedoch
finden immer einen Ort, an den sie gehen können, um dort eine
Weile allein zu sein.

Matthew Kelty

❖ 20 ❖

Selbst nicht, wenn es Gold regnet,
Findet das Verlangen Befriedigung.
„Unbefriedigend und leidvoll
Ist das Verlangen nach Sinnesfreuden":
Der Weise erkennt dies klar,

Und selbst nach himmlischem Entzücken
Verspürt er kein Verlangen mehr.
So führt den Schüler des vollkommen Erwachten
Das Erlöschen des Verlangens zum Glücklichsein.

Aus der buddhistischen Tradition

❖ 21 ❖

In meinem Herzen kreisen
    alle Gedanken um Dich,
Anderes nicht spricht die Zunge
    als meine Liebe zu Dir.
Wenn ich nach Osten mich wende,
    strahlst Du im Osten mir auf;
Wenn ich nach Westen mich wende,
    stehst vor den Augen Du mir.
Wenn ich nach oben mich wende,
    bist Du noch höher als dies;
Wenn ich nach unten mich wende,
    bist Du das Überall hier.
Du bist, der allem den Ort gibt,
    aber Du bist nicht sein Ort;
Du bist in allem das Ganze,
    doch nicht vergänglich wie wir.
Du bist mein Herz, mein Gewissen,
    bist mein Gedanke, mein Geist,
Du bist der Rhythmus des Atmens;
    Du bist der Herzknoten mir.

Al-Halladsch

❖ 22 ❖

So wie du jetzt in uns wirkst, wirst du in uns ruhen. Das wird
dein Ruhen in uns sein, während jetzt all unser Wirken dein
Wirken durch uns ist.

Augustinus

❖ 23 ❖

Die Seele fühlt, daß sie dazu geschaffen ist, die unendliche
Schönheit zu besitzen; und was ihr hier auf Erden davon zu
schauen vergönnt wird, mag noch so wenig sein, sie umschlingt
es, umarmt es mit Entzücken, und es ist ihr, als könne sie sich
niemals davon trennen.

Lucie Christine

❖ 24 ❖

Ein wachsames, klares, begründetes Bewußtsein, darauf das
Gemüt sich stellt zu Sachen und zu Menschen, kann der Mensch
nicht durch Fliehen lernen, indem er vor den Dingen flüchtet
und sich in die Einsamkeit kehrt, weg von der Außenheit,
sondern er muß ein innerliches Einsamsein lernen, wo oder bei
wem er sei. Er muß lernen, die Dinge zu durchbrechen und
seinen Gott darinnen zu erfassen und ihn kräftiglich können in
sich gestalten zu einem innebleibenden Bilde.

Meister Eckhart

❖ 25 ❖

Wieder kommst du zu mir, wie Musik, wie Licht,
Musik ohne Schall, Licht ohne Strahlen,
Liebkosung ohne Berührung, nur reine Liebkosung.
Sollte der, der den Sex erfand,
nicht lieben können?

Ernesto Cardenal

❖ 26 ❖

Mein Ort ist das Ortlose, meine Spur ist das Spurlose; es ist
weder Leib noch Seele, denn ich gehöre der Seele des Geliebten.
Ich habe Zweiheit abgetan, ich habe geschaut, daß die zwei
Welten eine sind. Einen suche ich, Einen kenne ich, Einen
schaue ich, Einen rufe ich. Er ist der Erste, Er ist der Letzte, Er
ist der Äußerste, Er ist der Innerste.

Dschalâl-ed-Dîn Rumî

❖ 27 ❖

Wenn mich etwas oder jemand entzückt, vernehme ich den
Lockruf Gottes, und wenn ich verzehrt bin von Unersättlichkeit,
die ein Geschöpf in mir anstiftet, so gewahre ich, daß Gott allein
das Absolute ist.

Carlo Carretto

❖ 28 ❖

Dieses Versunkensein ist wesentlich, ein annehmlicher Liebesvorgang, der dauert, ob wir schlafen oder wachen, ob wir davon wissen oder nicht.

Jan van Ruysbroek

❖ 29 ❖

O Leute, wahrlich, Er spricht mit den Geschöpfen aus Freundlichkeit; Er zeigt sich offen vor ihnen; dann verhüllt Er sich vor ihnen, um sie zu erziehen. Ohne seine Enthüllung würden sie alle ungläubig, und ohne Seine Verhüllung würden sie alle verführt. Deshalb läßt Er keinen der beiden Zustände für sie andauern. Ich aber – vor mir verhüllt Er sich keinen Augenblick, so daß ich Ruhe hätte, bis daß sich meine Menschheit in Seiner Gott-heit versenkt hat und mein Leib sich in den Lichtern Seines Wesens auflöst; und ich habe nun weder Substanz noch Spur, weder Gesicht noch Kunde!

Al-Halladsch

❖ 30 ❖

Man soll alle Minne um der Minne willen lassen;
Der ist weise, wer die Minne um der Minne willen läßt.
Ganz eins sei Sterben oder Leben:
Sterben um der Minne willen ist genug an Leben.
O Minne, weit hast du mich zwar getrieben,
Aber du kannst mich noch so weit vertreiben,
Ich will auf dich, o Minne, voller Minne warten.

Hadewijch von Antwerpen

❖ 31 ❖

Wenn das Meer ruhig ist, dann dringt der Blick der Fische bis
zur Bewegung auf den Grund, so daß ihnen fast nichts von den
Lebewesen verborgen bleibt, die dort ihre Pfade ziehen. Wenn
das Meer aber von Winden aufgewühlt ist, dann verbirgt es im
Dunkel der Wogen, was es im Lächeln der Windstille gern sehen
läßt.

Diadochus von Photike

WACHSEN

❖ 1 ❖

Mitten im Gelärm das innere Schweigen bewahren. Offen, still, feuchter Humus im fruchtbaren Dunkel bleiben, wo Regen fällt und Saat wächst – stapfen auch noch so viele im trockenen Tageslicht über die Erde im wirbelnden Staub.

Dag Hammarskjöld

❖ 2 ❖

Halt an, wo laufst du hin? Der Himmel ist in dir;
Suchst du Gott anderswo, du fehlst ihn für und für.

Angelus Silesius

❖ 3 ❖

Eine alte Legende besagt, daß Gott bei der Erschaffung der Welt von vier Engeln angesprochen wurde. Der erste fragte: „Wie machst du das?" Der zweite: „Warum machst du es?" Der dritte: „Kann ich helfen?" Der vierte: „Was ist es wert?"
Der erste war Wissenschaftler; der zweite Philosoph; der dritte Altruist; der vierte Immobilienhändler.
Ein fünfter sah voller Staunen zu und klatschte aus reinem Entzücken Beifall. Das war der Mystiker.

Anthony de Mello

❖ 4 ❖

Auf der staubigen Landstraße des Lebens verlor ich mein Herz,
aber Du nahmst es auf und hieltest es in Deiner Hand.
Ich fand Leid, wo ich Freude suchte, aber das Leid, das Du mir
sandtest, wandelte sich in meinem Leben zu Freude.
Meine Hoffnungen wurden zu Scherben, Du aber sammeltest sie
und fügtest sie zusammen mit Deiner Liebe.
Und während ich von Tür zu Tür wanderte, führte mich jeder
Schritt Deinen Toren näher.

Rabindranath Tagore

❖ 5 ❖

Wenn man sich von allem ganz gelöst hat, dann fühlt man sich,
als habe man schon von der Erde abgehoben, oder besser gesagt,
als habe man die Schwerkraft der Erde überwunden und könne
unverhältnismäßig schnell vorankommen, immer schneller und
schneller, wobei man sich immer mehr einem anderen
Schwerkraftzentrum nähert.

Ernesto Cardenal

❖ 6 ❖

Die menschliche Erfahrung ist schon eine Erfahrung Gottes.
Unser Wandern auf Erden ist schon ein Wandern zum Himmel.
Schaust du einen Baum oder eine Blume an, so schaust du
schon Gott an.
Entdeckst du mit dem Teleskop eine Galaxie, so ist es, wie wenn
deine Kleinheit sich mit der Größe Gottes berührt, und siehst du
das Licht flimmern in einer blühenden Wiese, so streifst du den
Mantel der Ewigkeit.

Carlo Carretto

❖ 7 ❖

In allem, über jedes Besondere, was es auch sein mag, hinaus,
entleerten Willens sein, die Leere wollen. Denn für uns ist eine
Leere jenes Gut, das wir weder uns vorstellen noch seinem
Wesen nach bestimmen können. Aber diese Leere ist voller als
jegliche Fülle.

Simone Weil

Der Exodus hat nur vom Land der Verheißung her Sinn. Die Abwesenheit ist die Kehrseite und die Ankündigung der Gegenwart. Die Treue zum monotonen Wandern in einer Wüste, Schritt für Schritt, ist die Glaubenstat, die Gott von uns will: ein nackter Glaube, der die Hoffnung einschließt, ohne es zu wissen und identisch wird mit der vollkommenen Liebe und der vollkommenen Einsamkeit. Ein Glaube, der Vorwegnahme, der schon Besitzen ist, dem Bewußtsein unwahrnehmbar. Ekstatische Einheit mit dem Einzigen.

Jules Monchanin

❖ **9** ❖

Mit der Wahrheit spielt man ebensowenig wie mit dem Feuer, und so vorsichtig man mit ihr umgehen mag, es ist doch die Ehre dessen, der ihr dient, über kurz oder lang ihren Biß zu verspüren.

Georges Bernanos

❖ 10 ❖

Ich war siebzehn. Eines Tages lief ich durch eine Provinzstadt, im Juni, morgens. Plötzlich erschien mir die Welt wie verherrlicht, so daß mich eine überwältigende Freude ergriff und ich zu mir sagte: Was auch immer geschieht, jetzt weiß ich es. Und ich werde mich immer an diesen Moment erinnern. Ich werde dann auch nie mehr ganz verzweifelt sein.

Ich kann Ihnen nicht sagen, was es war, weil es nicht gesagt werden kann. Es war so etwas wie eine Veränderung im Anblick der Stadt, der Welt, der Menschen. Der Himmel schien ganz nahe, beinahe spürbar. Das einzige, was ich sagen kann: Intensität, Gegenwart, Licht. Mit diesen Worten kann man es mehr oder weniger wiedergeben. Aber eine Definition ist nicht möglich.

Eugène Ionesco

❖ 11 ❖

Wohin gelangt denn der, der in Gott hineinhofft, wenn nicht in sein eigenes Nichts? Wohin sollte der entschwinden, wenn nicht dorthin, woher er kam? Er kam ja aus Gott und dem eigenen Nichts. Darum kehrt zu Gott zurück, wer ins Nichts zurückkehrt.

Martin Luther

❖ 12 ❖

Wenn die Luft durchleuchtet wird vom Licht der Sonne, so wird die Schönheit und der Reichtum der ganzen Welt offenbar. Des Menschen Auge wird erleuchtet, und er wird erfreut durch die große Abwechslung der Farben. Ähnliches geschieht, wenn wir in uns selbst einfach sind und unser Verstand vom Geist des Verstehens erleuchtet und durchleuchtet wird.

Jan van Ruysbroek

❖ 13 ❖

Was du siehst, bist ewig du selbst; aber du bist es nicht, wie du es siehst, noch siehest du es, wie du es bist. Du bist es unveränderlich, rein, farben- und gestaltlos. Nur die Reflexion, welche gleichfalls du selber bist, und du darum nie von ihr dich trennen kannst; – nur diese bricht es dir in unendliche Strahlen und Gestalten.

Johann Gottlieb Fichte

❖ 14 ❖

Lösch mir die Augen aus: ich kann dich sehn,
wirf mir die Ohren zu: ich kann dich hören,
und ohne Füße kann ich zu dir gehn,
und ohne Mund noch kann ich dich beschwören.

Brich mir die Arme ab, ich fasse dich
mit meinem Herzen wie mit einer Hand,
halt mir das Herz zu, und mein Hirn wird schlagen,
und wirfst du in mein Hirn den Brand,
so werd ich dich auf meinem Blute tragen.

Rainer Maria Rilke

❖ 15 ❖

Die Seele ist ein Weg, durch den Gott aus seiner Tiefe in seine Freiheit fährt. Und Gott ist ein Weg, durch den die Seele in ihre Freiheit fährt. Das ist: in seinen Grund, der nicht erreicht werden kann, sie erreiche ihn denn mit ihrer eigenen Tiefe. Und gehörte Gott ihr nicht ganz, es wäre ihr nicht genug.

Hadewijch

❖ 16 ❖

Morgendämmer: Sichel in der Hand,
Mittag: Streifen durch den Wald,
Holz in Bündel fest geschnürt,
Abendmond geht auf,
Schüttet still sein Licht
Auf den schmalen Heimwegpfad.

Katsuki Sekida

❖ 17 ❖

Wenn ein Bogenschütze um nichts schießt,
trifft er ins Schwarze.
Schießt er um einen Messingbecher,
wird er schon nervös.
Schießt er gar um einen Goldpokal,
sieht er zwei Schießscheiben,
oder er sieht gar nichts mehr.
Er ist nicht mehr er selbst.

Seine Geschicklichkeit ist unverändert.
Aber der Preis spaltet ihn: Er strengt sich an.
Er denkt mehr ans Gewinnen
denn ans Schießen,
und die Zwangsvorstellung:
Du mußt unbedingt gewinnen!
lähmt ihn, und er schießt
daneben.

Tschuang-tse

❖ 18 ❖

Vom ersten Anbeginn und noch bis heute zu
Sucht das Geschöpfe nichts als seines Schöpfers Ruh.

Angelus Silesius

❖ 19 ❖

Ich bin in die höchsten Giebel meines Wesens hinaufgestiegen,
und siehe: das WORT war oberhalb von allem.
Ich bin in die tiefsten Keller meines Wesens hinabgestiegen –
und dennoch: es fand sich unterhalb von allem.
Wenn ich nach draußen schaute, so erfuhr ich, daß es weiter
außen als alles war, was außerhalb von mir ist.
Wenn ich in mein Inneres schaute, erfuhr ich, daß es weiter
innen als alles war, was in mir ist.

Bernhard von Clairvaux

❖ 20 ❖

Durchliefest du alle Straßen der Welt, du fändest dich immer,
wenn du drauf wohl achtetest, beim ersten Schritt. In der Tat
hat kein Wandrer das Ziel seiner Reise geschaut und die Heilung
seiner Liebe gefunden. Hältst du inne, wirst du versteinert, oder
du stirbst und wirst eine Leiche. Setzest du den Schritt weiter
und schreitest immer vorwärts in deinem Laufe, bis zur Ewigkeit
wirst du den Schrei hören: „Weiter noch!"

Farîd-ed-dîn Attâr

❖ 21 ❖

Schöpfung – sie geschieht an uns, sie glüht sich uns ein, glüht
uns um, wir zittern und vergehn, wir unterwerfen uns.
Schöpfung – wir nehmen an ihr teil, wir begegnen dem
Schaffenden, reichen uns ihm hin, Helfer und Gefährten.

Martin Buber

❖ 22 ❖

Niemals hat das WORT sein Eintreten durch irgendwelche
Anzeichen kundgetan, weder durch ein Wort, noch durch eine
Gestalt oder einen Schritt. Kurz: durch keinerlei Bewegung
seiner selbst wurde es mir offenbar, durch keines meiner
Sinnesorgane glitt es in mein Inneres. Nur an der Erregung
meines Herzens habe ich seine Gegenwart erkannt.
Doch sobald das WORT wieder entschwindet, ist es, als ziehe
man unter einem kochenden Topf das Feuer weg. Das ist für
mich das Zeichen, daß es fortgegangen ist: meine Seele wird mit
einem Mal traurig, bis es wiederkommt und wie gewohnt mein
Herz in meinem Innern erwärmt. Diese Erwärmung wäre mir
das Zeichen dafür, daß es zurückgekehrt ist.

Bernhard von Clairvaux

❖ 23 ❖

Manchmal ohne Liebe, meistens, so scheint es,
oder einsame Liebe zu mir selbst, dem armen Ich,
in einem Universum, das voll ist von Dus. Oder
vielleicht doch nicht, nicht einsame Liebe,
sondern so sacht, daß ich's nicht spüre, der andere,
so nah bei mir wie ich selbst.

Ernesto Cardenal

❖ 24 ❖

Fiele ein Stein in ein abgrundtiefes Wasser, der müßte immer
weiter fallen; denn er fände keinen Grund. So sollte der Mensch
unauslotbar tief sinken und tief fallen in den unergründlichen
Gott und in ihn gegründet sein, was an Schwerem auch auf ihn
fiele, inneres oder äußeres Leiden oder auch eigene Mängel.
Dies alles sollte den Menschen immer tiefer in Gott versinken
lassen, und er sollte seines eigenen Grundes nie dabei gewahr
werden, nicht an ihn rühren, nicht ihn trüben, auch nicht nach
seinem eigenen Selbst suchen, er sollte Gott allein im Sinn
haben, in den er versunken ist.

Heinrich Seuse

❖ 25 ❖

Es gibt viele Formen des Einsseins. Die wichtigste Form des
Einsseins ist das Einssein von ausnahmslos allem, was ich bin,
das Einssein von Seele und Körper. Es ist ein Abbild des
künftigen Einsseins, wenn Gott und ich eins sein werden. Es
gibt keine irdische Liebe, die nicht auf ihre Weise die Ganzheit
andeutet, zu der jeder Mensch berufen ist.

Matthew Kelty

❖ 26 ❖

Nimmer steht ein Unfriede in dir auf, er komme denn vom
Eigenwillen. Nicht das ist schuld, daß die Weise oder die Dinge
dich hindern: du selber in den Dingen bist es, was dich hindert,
denn du hältst dich zu den Dingen nicht in der rechten Weise.

Meister Eckhart

❖ 27 ❖

Eine Amerikanerin hatte einmal zu dem Meister gesagt, sie besäße tief in ihrem Wesen einen heiligen Kern, in dem sie zur Ruhe kommen könne, und dieser Kern sei stets bei ihr, manchmal schwer erreichbar, aber immer gegenwärtig. „Ja", hatte der Meister gesagt, „damit haben Sie viel Last, dieser Kern ist Ihnen im Wege. Geben Sie ihn auf, was immer Sie sich darunter vorstellen. Weg damit!"

Janwillem van de Wetering

❖ 28 ❖

Wer nach dem Namenlosen verlangt,
Mit entschlossenem Geist
Und mit wunschlosem Herz,
Den nennt man stromaufwärts gehend.

Aus der buddhistischen Tradition

❖ 29 ❖

Der Moment der Begegnung ist nicht ein „Erlebnis", das sich in der empfänglichen Seele erregt und selig rundet: es geschieht da etwas am Menschen. Das ist zuweilen wie ein Anhauch, zuweilen wie ein Ringkampf, gleichviel: es geschieht. Der Mensch, der aus dem Wesensakt der reinen Beziehung tritt, hat in seinem Wesen ein Mehr, ein Hinzugewachsenes, von dem er zuvor nicht wußte und dessen Ursprung er nicht rechtmäßig zu bezeichnen vermag.

Martin Buber

❖ 30 ❖

Die Weite, die das Licht Gottes tief in der Seele schafft, reißt sie über sich selbst hinaus. Schaut sie in diesem weiten Zustand unter sich, so kommt ihr jetzt alles ganz klein vor, was ihr früher unermeßlich groß erschien.

Gregor der Große

❖ 1 ❖

Das Glücksgefühl, das du hier erlebtest, wird sich dir nicht wiederholen, denn es wäre nicht normal, wenn dies geschähe. Dein Leben wird jetzt ernst und vielleicht sogar traurig sein. So muß es geschehen. Wir haben nicht das Recht, in ein Glück zu entfliehen, das die meisten Menschen nicht teilen können. Dies ist ein sehr düsteres, schreckliches Jahrhundert, und wir müssen in ihm die Trauer und Verantwortung mit dem Rest der Welt erleiden. Doch darfst du nicht glauben, daß Gott dir jetzt weniger nahe ist. Ich bin sicher, daß du Ihm jetzt näher und auf dem Weg zu einer neuen und sonderbaren Wirklichkeit bist. Laß zu, daß er dich führt.

Thomas Merton

❖ 2 ❖

(Gott spricht zum Menschen:) Du fandest in allen Dingen immer etwas Widerstand; und das ist das zuverlässigste Zeichen meiner Auserwählten, daß ich sie für mich selber haben will.

Heinrich Seuse

❖ 3 ❖

Alles, was ich sehe, höre, atme, berühre, esse, alle Wesen,
denen ich begegne – alles dieses beraube ich seiner Berührung
mit Gott, und ich beraube Gott seiner Berührung mit all diesem
in dem Maße, als etwas in mir „ich" sagt.
Ich kann etwas tun für alles dieses und für Gott, nämlich: mich
zurückziehen, um das Beisammensein nicht zu stören.

Simone Weil

❖ 4 ❖

Gott umarmt dich mit dem Wind, der dir durchs Haar fährt,
und er küßt dich mit dem ersten Strahl der Morgensonne.
Die Hände Gottes, die dich berühren, können das
Handwerkszeug deiner täglichen Arbeit sein, und sein Gruß
kann der Pfiff des Zuges sein.

Carlo Carretto

❖ **5** ❖

Ohne aus der Tür zu gehen,
kennt man die Welt.
Ohne aus dem Fenster zu schauen,
sieht man den SINN des Himmels.
Je weiter einer hinausgeht,
desto geringer wird sein Wissen.

Darum braucht der Berufene nicht zu gehen
und weiß doch alles.
Er braucht nicht zu sehen
und ist doch klar.
Er braucht nichts zu machen
und vollendet doch.

Laotse

❖ **6** ❖

Der Weg aber ist, wie wenn man eine Landstraße baut. Man
schleppt Steine, man stampft sie ein, man walzt – und natürlich
bleibt man dabei nicht am gleichen Fleck, man kommt weiter:
das ist der Weg.

Martin Buber

❖ 7 ❖

Es gibt drei Wege,
auf denen ein Mensch seinem tiefen Kummer Ausdruck geben
kann.
Der Mensch auf der niedersten Stufe weint;
der Mensch auf der zweiten Stufe schweigt;
der Mensch auf der höchsten Stufe
weiß seinen Kummer zum Lied zu wenden.

Jüdische Weisheit

❖ 8 ❖

Auf meiner Wanderung am Tage schritt ich sicher dahin und
achtete nicht der Wunder Deines Weges, denn ich war stolz
darauf, so schnell vorwärtszukommen; Dein eigenes Licht stand
zwischen mir und Dir.
Jetzt ist es Nacht, und ich fühle bei jedem Schritt im Dunkel
Deinen Weg und den Duft der Blumen wie das Flüstern der
Mutter zu ihrem Kinde, wenn das Licht gelöscht ist.
Ich halte Deine Hand fest, und Deine Berührung tröstet mich in
meiner Einsamkeit.

Rabindranath Tagore

❖ 9 ❖

Es gibt ein allerstillstes Sprechen, das nur Dasein mitteilen, nicht beschreiben will. Es ist so hoch und still, als sei es gar nicht in der Sprache, sondern ein Heben der Lider im Schweigen.

Martin Buber

❖ 10 ❖

Ich weiß, o Liebender, eines Tages wirst Du mein Herz erobern. Durch Deine Sterne blickst Du tief in meine Träume hinein; Du sendest Deine Geheimnisse auf Deinen Mondstrahlen zu mir, und ich sinne, und Tränen verschleiern meine Augen. Ich fühle Dein Liebeswerben im Sonnenlicht, das auf den Blättern zittert, in den müßigen Stunden, die überfließen vom Flötenspiel der Hirtenknaben, in der regentrüben Dämmerung, wenn das Herz weh tut vor Einsamkeit.

Rabindranath Tagore

❖ 11 ❖

Nicht du bist, der da lebt: denn das Geschöpf ist tot.
Das Leben, das in dir dich leben macht, ist Gott.

Angelus Silesius

❖ 12 ❖

Sieh, Gott ist eine überwesentliche Ursache, die einem jeden
Ding innerlicher und gegenwärtiger ist, als das Ding sich selber
ist, und wider dessen Willen kein Ding zu geschehen noch einen
Augenblick zu bestehen vermag. Darum muß denen weh sein,
die allzeit wider Gottes Willen streben und ihren eigenen Willen
gern durchführten, so sie könnten. Die haben Frieden wie in der
Hölle, denn sie sind in Betrübnis und Traurigkeit allezeit.
Dagegen aber einem entblößten Gemüte antwortet Gott, und
sein Friede ist allzeit gegenwärtig in den widerwärtigen Dingen
wie auch in den wohlgefallenden.

Heinrich Seuse

❖ 13 ❖

Wird jemand erleuchtet, so bittet er darum, immer weiter
erleuchtet zu werden. Denn je heller das Licht ist, das ihm
aufgesteckt wird, desto deutlicher erkennt er in diesem Licht
seine Schatten.

Guerric von Igny

❖ 14 ❖

Rabbi Mendel von Kozk sprach: „Seit vielen Geschlechtern hat man sich in jedem gemüht, den Messias zu bringen, und es ist nicht gelungen. Mir will es scheinen, er wird kommen, wenn man sich nicht mit ihm befaßt."

Martin Buber

❖ 15 ❖

Der Jünger sprach zum Meister:
Wie mag ich kommen zu dem übersinnlichen Leben,
daß ich Gott sehe und höre reden?
Der Meister sprach:
Wenn du dich magst einen Augenblick in das schwingen,
da keine Kreatur wohnet, so hörest du, was Gott redet.
Der Jünger sprach:
Ist das nahe oder ferne?
Der Meister sprach:
Es ist in dir, und so du magst eine Stunde schweigen
von allem deinen Wollen und Sinnen,
so wirst du unaussprechliche Worte Gottes hören.

Jakob Böhme

❖ 16 ❖

Gott sagt mir nicht mit seinem Mund, daß er die Schönheit sei:
er läßt sie mich sehen in einem Sonnenuntergang oder im
Glitzern des Ozeans.
Er sagt mir nicht, daß er ewig sei: er schenkt mir jeden Morgen
die Überraschung, daß die Sonne wieder aufgeht.
Er sagt mir nicht, daß er Leben, Fruchtbarkeit sei:
er gibt mir ein Feld mit reifem Korn.

Carlo Carretto

❖ 17 ❖

Wer nicht liebt, der ruht nicht,
und wer nicht ruht, der liebt nicht.

Jan van Ruysbroek

❖ 18 ❖

Soll ich trinken, so muß der Trank zuerst über die Zunge gehn, da übt der Trank seinen Geschmack. Ist die Zunge bekleidet mit Bitterkeit, wahrhaftig, mag der Wein dann noch so süß sein, er muß doch bitter werden von dem, durch das er an mich kommt. Wahrlich, so wäre auch ein Mensch, der seines Ichs sich ganz entäußert hätte, so von Gott umfangen, daß nichts Erschaffenes an ihn rühren könnte, weil alles zuerst auf Gott träfe; und was immer an ihn kommen wollte, das müßte durch Gott an ihn kommen: da nähme es seinen Geschmack und würde gotthaft.

Meister Eckhart

❖ 19 ❖

Im Wasser sieht der Mensch sein Abbild nur, wenn er dicht herankommt. So muß auch das Herz sich ganz nah zum Herzen beugen, dann erblickt es sich darin.

Martin Buber

❖ 20 ❖

Hast du nicht seine schweigenden Schritte gehört?
Er kommt, er kommt, immer kommt er –
in jedem Augenblick und in jedem Zeitalter,
jede Nacht und jeden Tag,
er kommt, er kommt, immer kommt er – ...
in den duftenden sonnigen Apriltagen,
auf dem Waldweg,
er kommt, er kommt, immer kommt er.
In den dunklen regnerischen Julinächten,
auf dem donnernden Wagen der Wolken,
er kommt, er kommt, immer kommt er.
In Traurigkeit über Traurigkeit sind es seine Schritte,
die auf meinem Herzen lasten,
und es ist die goldene Berührung seiner Füße,
die meine Freude erhellt!

Rabindranath Tagore

❖ 21 ❖

Wenn ein Meister ein Bild macht aus Holz oder Stein, so trägt er
das Bild nicht in das Holz hinein, sondern er schnitzt die Späne
ab, die das Bild verborgen und bedeckt hatten; er gibt dem
Holze nichts, sondern er benimmt und gräbt ab, was das Bild
verdeckt. Dies ist der Schatz, der verborgen lag im Acker, wie
unser Herr im Evangelium spricht.

Meister Eckhart

106

❖ **22** ❖

Solang du nach dem Glücke jagst,
Bist du nicht reif zum Glücklichsein,
Und wäre alles Liebste dein.

Solang du um Verlornes klagst
Und Ziele hast und rastlos bist,
Weißt du noch nicht, was Friede ist.

Erst wenn du jedem Wunsch entsagst,
Nicht Ziel mehr noch Begehren kennst,
Das Glück nicht mehr mit Namen nennst,

Dann reicht dir des Geschehens Flut
Nicht mehr ans Herz, und deine Seele ruht.

Hermann Hesse

❖ **23** ❖

Wer jeden Glauben aufgegeben hat,
Da er ja selbst das Unerschaffene kennt,
Wer die Mauern durchbrochen hat,
Sich von allen Fesseln an die Welt befreit hat,
Wer alles Verlangen aufgegeben hat,
Der gilt als der höchste unter den Menschen.

Aus der buddhistischen Tradition

❖ 24 ❖

Der Himmel tut nichts.
Sein Nicht-Tun ist seine Heiterkeit.
Die Erde tut nichts.
Ihr Nicht-Tun ist ihr Friede.
Dieses doppelte Nicht-Tun
bringt alle Dinge
und alle Handlungen hervor.
Wie groß, wie unsichtbar
ist dieses Werden und Entstehen!
Alles kommt aus dem Nirgendwo.
Wie groß, wie unsichtbar –
man kann es nicht erklären!
Alle vollkommenen Dinge
stammen aus dem Nicht-Tun.
Dehalb heißt es:
„Himmel und Erde tun nichts,
aber es gibt nichts, das sie nicht täten."

Welcher Mensch kann sich
zu diesem Nicht-Handeln entschließen?

Tschuang-tse

❖ 25 ❖

Aus sich geht Gott: aus Gott die Seel: aus ihr das Leben:
Gehst du nicht so zurück: ich weiß, du kommst darneben.

Daniel Czepko

❖ 26 ❖

Wenn der Schuh sitzt,
ist der Fuß vergessen.
Wenn der Gürtel paßt,
spürt man den Bauch nicht.
Wenn das Herz im Lot ist,
gibt es kein „für"
und „wider".

Tschuang-tse

❖ 27 ❖

Dieser Trieb, mit dem Unvergänglichen vereinigt zu werden
und zu verschmelzen, ist die innigste Wurzel alles endlichen
Daseins, und ist in keinem Zweige dieses Daseins ganz
auszutilgen, falls nicht dieser Zweig versinken soll in völliges
Nichtsein.

Johann Gottlieb Fichte

❖ 28 ❖

Laß nie den Erfolg seine Leere verbergen, die Leistung ihre
Wertlosigkeit, das Arbeitsleben seine Öde. So behalte den Sporn,
um weiter zu kommen, den Schmerz in der Seele, der uns über
uns selbst hinaustreibt.
Wohin? Das weiß ich nicht. Das begehre ich nicht zu wissen.

Dag Hammarskjöld

❖ 29 ❖

Wir schweigen das Erlebnis, und es ist ein Stern, der die Bahn
wandelt. Wir reden es, und es ist hingeworfen unter die Tritte
des Marktes. Wir sind dem Herrn stille, da macht er Wohnung
bei uns; wir sagen Herr, Herr, da haben wir ihn verloren.

Martin Buber

❖ 30 ❖

Ach bin ich's oder DU? Das wären ja zwei Götter!
O fern, o fern von mir, die Zweiheit zu bekennen!
In meiner Nichtheit ist für ewig Deine Einheit,
Mein Wesen: immerfort zwieschichtige Verkleidung.
Wo ist Dein Wesen denn, mir fern, daß ich es sähe?

Al-Halladsch

❖ 31 ❖

Wenn alles Leibhaftige schweigt,
alles Sinnenhafte, Wandelbare still wird
und der Mensch seinen Blick auf das zu richten vermag, was ist,
und immer so ist,
ja das Sein selbst ist,
auf jene lichtvolle Wirklichkeit:
Dann ruht er und schaut
und feiert den Sabbat aller Sabbate.

Aelred von Rievaulx

FRUCHT

♦ **1** ♦

Der Schriftzug der Meteore am Himmel und die Spur der Kriechtiere im Sand, der Flug der Zugvögel in den Herbstnächten und der Weg der Sonne durch die Wendekreise, die Jahresringe im Stamm einer Zeder und die Schlangenlinien der Flüsse in einer Luftaufnahme, alles sind Zeichen, die uns Botschaften übermitteln. Wir müssen nur verstehen, sie zu lesen.

Ernesto Cardenal

♦ **2** ♦

Gott ist nie Zerstörer eines Gutes, sondern er ist ein Vollbringer. Gott ist nicht ein Zerstörer der Natur, sondern ihr Vollender. Auch die Gnade zerstört die Natur nicht, sondern vollendet sie. So sollen denn auch wir kein kleines Gut noch eine unscheinbare Weise in uns zerstören für eine große, sondern sollen die geringe vollenden zu ihrer Höhe.

Meister Eckhart

❖ **3** ❖

Der „große" Zusammenhang verdunkelt so leicht den „kleineren". Doch ohne jene Demut und Wärme, die du erreichen mußt in deinem Verhältnis zu jenen, in deren persönliches Leben du eingefügt bist, kannst du nichts tun für die vielen.

Dag Hammarskjöld

❖ **4** ❖

Geistliche Trunkenheit ist, wenn der Mensch mehr fühlbare Lust und Wonne empfängt, als sein Herz oder seine Begierde verlangen oder umfassen können. Geistige Trunkenheit treibt den Menschen zu mancher fremden Handlungsweise. Einige drängt es vor Überfülle der Freude zum Singen und zum Lobe Gottes, andere läßt es dicke Tränen weinen vor Herzenslust. Bei diesem bewirkt es Rastlosigkeit in allen Gliedern, so daß er laufen, springen und tanzen muß. Bei jenem ist der Antrieb der Trunkenheit so groß, daß er Gebärden machen und in die Hände klatschen muß. Ein anderer schreit mit lauter Stimme und offenbart die Überfülle, die er von innen empfindet; wieder ein anderer kann nur schweigen.

Jan van Ruysbroek

❖ 5 ❖

... die Ohren waren ihm mit der Seele innig verbunden, so daß
er keinen Laut mit ihnen allein und nicht auch mit ihr aufnahm.

Martin Buber

❖ 6 ❖

Niemals steigt und niemals sinkt die Sonne,
Ohne daß nach Dir der Sinn mir stände;
Nie sitz' mit den Leuten ich zu sprechen,
Ohne daß mein Wort Du wärst am Ende.
Keinen Becher Wasser trink ich dürstend,
Ohne daß Dein Bild im Glas ich fände.
Keinen Hauch tu ich, betrübt noch fröhlich,
Dem sich Dein Gedenken nicht verbände.

Al-Halladsch

❖ 7 ❖

Das lebendige Leben ist die Liebe, und hat und besitzt, als Liebe,
das Geliebte, umfaßt und durchdrungen, verschmolzen und
verflossen mit ihm: ewig die Eine und dieselbe Liebe: Nicht die
Liebe ist es, welche dasselbe äußerlich vor sich hinstellt und es
zerspaltet, sondern das tut nur die Reflexion.

Johann Gottlieb Fichte

❖ 8 ❖

Ich stellte staunend fest, daß es tatsächlich nichts gab im ganzen Universum als Gott. Ich blieb stumm und fragte mich, wie lange dieser Geisteszustand andauern werde. Er verschwand den ganzen Tag nicht. Ich kehrte nach Hause zurück, und dort war mir genauso zumute; alles, was ich sah, war Gott. Ich setzte mich hin, um zu essen, und ich sah, daß alles – der Teller, das Essen, meine Mutter, die es reichte, und ich selbst – alles Gott und nichts als Gott war. Ich schluckte einige Mundvoll herunter und saß dann bewegungslos und stumm da...

Swami Vivekananda

❖ 9 ❖

Unser Körper spricht ein tiefes Dankgebet, wenn er seinen Durst mit einem Glas Wasser stillt. Wenn wir uns an heißen Sommertagen in die Fluten eines kühlen Flusses stürzen, singt unsere Haut eine Dankeshymne an ihren Schöpfer, auch wenn dies ein irrationales Gebet ist, das ohne unsere ausdrückliche Zustimmung oder sogar gegen unseren Willen geschieht.

Ernesto Cardenal

115

❖ 10 ❖

Fische werden im Wasser geboren,
der Mensch im Tao.
Wenn die Fische
den schattigen Grund
des Teiches aufsuchen,
fehlt ihnen
nichts mehr.
Wenn der Mensch
in den schattigen Grund
des Nicht-Handelns
hinabsinkt,
um Aggression und Sorge
zu vergessen,
dann hat er alles,
und sein Leben ist sicher.

Moral: Der Fisch gebe sich dem Wasser hin,
der Mensch dem Tao. Mehr ist nicht nötig.

Tschuang-tse

❖ 11 ❖

Vom ersten Anbeginn und noch bis heute zu
Sucht das Geschöpfe nichts als seines Schöpfers Ruh.

Angelus Silesius

❖ 12 ❖

Gott spricht zum Menschen durch seine Realität, und sein Sprechen ist absolutes Schweigen außer der Realität. Gott, der Wort ist, hat diese seine Realität als Sprache, und da, genau da müssen wir auf ihn lauschen. Es ist ein Reden, das weiterströmt, ein unerschöpflicher Gesang der Liebe, eine Harmonie ohne Grenzen, ein Gespräch, das nie ermattet.

Carlo Carretto

❖ 13 ❖

Wenn der Mensch sich an Gott schließt, kann er seinen Mund reden lassen, was er reden mag, und sein Ohr hören lassen, was er hören mag, und er wird die Dinge binden an ihre obere Wurzel.

Martin Buber

❖ 14 ❖

Joshu fragte seinen Meister Nansen: „Der Weg – was ist das?"
Nansen sagte: „Alltagsgeist."
Joshu antwortete: „Dann sollte man danach streben, oder?"
Nansen sagte: „In dem Moment, in dem du nach irgend etwas strebst, hast du es schon verfehlt."
Joshu sagte: „Wenn ich nicht danach strebe, wie kann ich dann den Weg wissen?"
Nansen sagte: „Der Weg hat mit ‚Wissen' oder ‚Nicht-Wissen' nichts zu tun. Wissen ist nur blindes Wahrnehmen. Nicht-Wissen ist nur Öde. Wenn du schließlich, ohne danach zu streben, den Weg erreicht hast, ist es wie der Raum: absolut klare Leere. Du kannst das weder auf die eine noch auf die andere Art erzwingen."
In diesem Augenblick wurde Joshu zu tiefer Erkentnnis erweckt. Sein Geist war wie der klare Vollmond.

Zen-Geschichte

❖ 15 ❖

Daß der Geist, trunken von göttlicher Liebe, sich selbst vergißt,
wie ein Gefäß in sich selbst zerbricht, ganz in Gott eingeht, Gott
umarmt und *ein* Geist mit ihm wird – das ist ein Anteil am
Zustand der Himmlischen, nicht Sache menschlichen
Empfindens: dich sozusagen zu verlieren, gleichsam als wärest
du nicht mehr; dich selbst überhaupt nicht mehr zu spüren,
deiner selbst entledigt und nahezu zu Nichts geworden zu sein.

Bernhard von Clairvaux

❖ 16 ❖

In tiefer Nacht wachte ich einmal auf. Zuerst war mein Sinn
umnebelt. Plötzlich tauchte der Vers (des Zen-Meisters Dogen)
in meinem Bewußtsein auf:

Ich habe klar erkannt: Geist ist nichts andres denn
Berge und Flüsse und die große weite Erde,
als die Sonne, der Mond und die Sterne,

und ich wiederholte ihn mir. Urplötzlich war mir, als ob mir ein
elektrischer Schlag durch den ganzen Körper führe, und im gleichen
Augenblick stürzten Himmel und Erde ein. In der gleichen Sekunde
wallte eine ungeheure Freude gleich Sturzwellen in mir auf, ein
wahrer Orkan von Freude, und ich lachte laut aus vollem Halse: Ha,
ha, ha, ha, ha, ha, ha! Da gibt es überhaupt keine Vernunft. Ha, ha,
ha, ha, ha! Der leere Himmel barst entzwei und öffnete seinen
ungeheuren Mund und lachte brüllend: „Ha, ha, ha, ha, ha!"

Herr K. Y., Japaner

119

❖ 17 ❖

Gott kommt ohne Unterlaß in uns, mittelbar und unmittelbar, und er fordert uns auf, zu genießen und tätig zu sein, so daß das eine vom anderen nicht gehemmt, sondern stets gekräftigt werde. Und deshalb besitzt der innige Mensch sein Leben in diesen beiden Weisen, nämlich im Ruhen und im Tätigsein.

Jan van Ruysbroek

❖ 18 ❖

Wenn alles still ist und wenn die ganze Schar der Gedanken, der Worte und der Werke friedlich wie Kinder um den Vater des Hauses versammelt sind, dann stellt sich dadurch ein Empfinden wunderbarer Geborgenheit ein. Aus der Geborgenheit quillt Freude, aus der Freude Jubel. Der Jubel bricht in das Lob Gottes aus, denn immer deutlicher wird ihm klar, daß das alles sein Geschenk ist.

Aelred von Rievaulx

❖ 19 ❖

Von Zeit zu Zeit ist das Ich-Bewußtsein vollkommen weggewischt. Oft behält der Gottschauende aber ein wenig Ich-Bewußtsein übrig. Doch dieses Ich-Bewußtsein ist nicht schädlich.

Wenn Eisen den Stein des Weisen berührt, wird es zu Gold. Ein Eisenschwert wird zu einem Goldschwert. Die Form des Schwertes bleibt, doch tut es niemandem etwas zuleide. Mit einem Goldschwert kann man nicht schlagen und stechen.

Sri Ramakrishna

❖ 20 ❖

Wie ein kleiner Wassertropfen, der in eine Menge Wein fällt, sich scheinbar ganz auflöst, indem er den Geschmack und die Farbe des Weines annimmt; und wie ein glühendes und leuchtendes Eisen ganz wie das Feuer wird und seine frühere eigene Form ablegt; und wie die Luft, durch die ein Sonnenstrahl fährt, in die gleiche lichtvolle Klarheit verwandelt wird, so daß sie nicht nur erleuchtet, sondern selbst zu Licht zu werden scheint: so muß im Menschen alle menschliche Liebeskraft auf eine unaussprechliche Weise sich selbst ganz verflüssigen und sich ganz und gar in das Wollen Gottes ergießen. Denn wie anders würde Gott alles in allem sein, wenn im Menschen noch etwas vom Menschen übrigbliebe? Zwar bleibt seine Substanz, aber in einer anderen Form, in einer anderen Herrlichkeit, in einer anderen Potenz.

Bernhard von Clairvaux

❖ 21 ❖

Wer es geschaut hat, weiß, was ich sage: daß die Seele dann ein anderes Leben empfängt, wenn sie herantritt und schon herangetreten ist und schon Ihn besitzt, also daß sie, dieses erfahrend, erkennt: der Chorführer des wahren Lebens ist da und nun tut nichts anderes mehr not, nein das Andere ist abzutun, und in diesem Einen soll ich stehen und dieses Eine werden, wenn ich alles, was mich umhüllt, weggestreift habe.

Plotin

❖ 22 ❖

Eines sind ich und er geworden, dem ich vereint bin. Aber wie soll ich mich nennen, der mit ihm vereint wurde? Gott, von Natur doppelt, von Wesen eins, macht auch mich zwiefach, und wie du siehst, gab er mir auch einen doppelten Namen ein. Dies ist die Scheidung: Mensch bin ich von Natur, von Gnaden Gott.

Symeon der Neue Theologe

❖ 23 ❖

Wenn ich bei dir bin, bin ich auch bei mir selbst, und ich bin nicht bei mir selbst, wenn ich nicht bei dir bin.

Wilhelm von Saint-Thierry

❖ 24 ❖

Wenn der Mensch von Macht zu Macht wandelt und nur empor und empor, bis er zur Wurzel aller Lehre und alles Gebots kommt, zu Gottes Ich, der einfachen Einheit und Schrankenlosigkeit – wenn er da steht, dann sinken alle Flügel der Gebote und Gesetze nieder, und alle sind sie vernichtet. Denn vernichtet ist der Trieb, da er darüber steht.

Martin Buber

❖ 25 ❖

Ich selbst bin Ewigkeit, wenn ich die Zeit verlasse
Und mich in Gott und Gott in mich zusammenfasse.

Angelus Silesius

❖ 26 ❖

Eines Tages empfing Soen-Shaku einen bekannten Journalisten
als Gast. Während sie Tee tranken, sprach Soen-Shaku über
Politik und weltliche Angelegenheiten, bis schließlich der
Besucher sagte: „Über all das weiß ich selber Bescheid. Ich bin
hergekommen, um Zen zu erlernen. Bitte, sprechen Sie
darüber."
In aller Ruhe erwiderte Soen-Shaku: „Eben dies tat ich."
Da erst verstand der Journalist seinen Beruf.

Zen-Geschichte

❖ 27 ❖

Gottes inwendiges Berühren und Anrühren macht uns hungrig
und weckt unser Begehren; denn der Geist Gottes jagt unseren
Geist: je stärker die Berührung, desto größer der Hunger und das
Begehren.

Jan van Ruysbroek

124

❖ 28 ❖

Mit Gott vereinte Seelen empfangen alles aus dem Grunde unmittelbar. Überdies erscheinen ihnen die Dinge, die sie kennen oder erfahren, nicht als außergewöhnliche Dinge, als Weissagung und dergleichen, wie sie den anderen erscheinen; man sagt sie ganz natürlich, ohne zu wissen, was man sagt, und warum man das sagt; ohne irgend etwas Außerordentliches. Man sagt und schreibt, was man nicht weiß; und es sagend und schreibend sieht man, daß es Dinge sind, an die man nie gedacht hat. Es ist wie eine Person, die in ihrem Grunde einen unerschöpflichen Schatz besitzt, ohne je an ihren Besitz zu denken; sie weiß ihre Reichtümer nicht, sie schaut sie nicht; aber sie findet, wenn es ihr nottut, in diesem Grunde alles, wessen sie bedarf.

Jeanne Marie Bouvières de la Mothe Guyon

❖ 29 ❖

Und dieses sah ich in voller Gewißheit, daß es für uns leichter ist zur Erkenntnis Gottes zu kommen, als unsere eigene Seele zu erkennen. Denn unsere Seele ist so tief in Gott gegründet und so unendlich eingesammelt, daß wir zu ihrer Erkenntnis nicht kommen können, ehe wir Erkenntnis Gottes haben, der der Schöpfer ist, dem sie eignet.

Juliana von Norwich

❖ 30 ❖

Weil der Mensch in diesem Leben nicht bestehen kann ohne
Geschäftigkeit, die doch einmal des Menschen Teil ist und
mannigfach von Art, darum soll der Mensch es lernen, seinen
Gott zu besitzen in allem, was geschieht, und unbeirrt zu
bleiben bei jedem Werk und an jedem Ort.

Meister Eckhart

❖ 31 ❖

Du nahmst Dir zur Wohnung mein Herz,
Geheimnisse sind drin von Dir,
Willkommen seist Du im Haus,
Gestalte die Nachbarschaft Dir!
Kein andres Geheimnis als Du,
Das je ich gewußt, ist nun dort.
Mit eigenen Augen sieh zu:
Ist wohl noch ein Eindringling hier?
Die Nacht, da Du Dich von mir trennst,
Ob lang sie auch sei oder kurz –
Gedenken und Hoffnung ist dann
Mein trauter Gefährte allhier.
Ich bin ganz zufrieden damit,
Wenn Dir mein Verderben gefällt –
Oder Du mich tötest! Was Du
Erwählest, erwähle ich mir.

Al-Halladsch

SEPTEMBER
FARBE

❖ **1** ❖

Schauen Sie sich die Blumen an in ihrer individuellen Schönheit,
Farbe und Form. Oder sehen Sie sich die anmutigen Federn der
Vögel an oder die leuchtenden Farben und Muster auf dem
Rücken der Insekten, die jetzt auf dem Geländer der Veranda
sitzen. Solche Farben und Muster kann selbst höchste
menschliche Kunst nicht entwerfen. Die beweglichen, eleganten
Gliedmaßen eines Tieres, die Zellen der Organismen, die wir
unter dem Mikroskop sehen, die kristalline Struktur der
Mineralien, deren kunstvolle Anordnung uns ehrfürchtig
staunen läßt: Was hat sie so gemacht?

Katsuki Sekida

❖ **2** ❖

Ich selbst muß Sonne sein, ich muß mit meinen Strahlen
Das farbenlose Meer der ganzen Gottheit malen.

Angelus Silesius

❖ 3 ❖

Ich weiß, daß von mir geschaut wird, der von Natur unschaubar ist. Ich weiß, daß er, der aller Kreatur weit entrückt ist, mich in sich aufnimmt und mich in seinen Armen verbirgt, und ich finde mich außer der ganzen Welt. Hinwieder schaue ich Sterblicher und in der Welt ein Geringer, den ganzen Schöpfer der Welt in mir: und dieweil ich im Leben bin, umfange ich in mir das ganze blühende Leben und weiß, daß ich nicht sterben werde.

Symeon der Neue Theologe

❖ 4 ❖

Mein Geliebter sind die Berge,
die einsamen Waldtäler,
die seltsamen Inseln,
die rauschenden Flüsse,
das Flüstern der verliebten Winde.
Die stille Nacht
im Augenblick des Aufstiegs der Morgenröte,
die schweigende Musik,
die tönende Einsamkeit,
das erquickende und Liebe schenkende Abendmahl.

Johannes vom Kreuz

❖ 5 ❖

Wer Gott im Wesen innehat, der erfaßt ihn göttlich, und dem
leuchtet er in allen Dingen; denn alle Dinge kommen ihm dann
göttlich vor, und aus allen auch erbildet sich ihm Gott. In ihm
hat allezeit Gott die Augen offen, in ihm begibt sich eine stille
Abkehr vom Äußeren und ein Eindringen des geminneten
gegenwärtigen Gottes. Geradeso, wie wenn einen hitzig
dürstete, so mit rechtem Durst: der mag wohl anderes tun als
trinken und mag auch wohl anderer Dinge gedenken, aber was
er auch tue oder bei wem er sei, in welchen Wünschen oder
welchen Gedanken oder welchem Tun: ihm vergeht doch das
Bild des Trankes nicht, solange der Durst währt; und soviel
größer der Durst ist, soviel mehr und inwendiger und lebhafter
und dauernder ist das Bild des Trankes.

Meister Eckhart

❖ 6 ❖

Wüßt ich, was ich begehre, bloß!
In ein Nichtwissen gründelos
Bin ich mir selbst entgangen.
Verschwelgt bin ich in Seinen Mund,
Der ist ein Strudel ohne Grund.
Werd nie herausgelangen.

Jan van Ruysbroek

❖ **7** ❖

Dieses Genießen ist ohne Ende und Weite, wie ein Verlorensein. Da ist nicht Weise noch Weg, noch Pfad, noch Stätte, noch Maß, noch Ende, noch Beginn oder etwas, was man bemerken oder angeben kann.

Jan van Ruysbroeck

❖ **8** ❖

Eines Tages sagte ein Mann aus dem Volk zu Zen-Meister Ikkyu: „Meister, wollt Ihr mir bitte einige Grundregeln der höchsten Weisheit aufschreiben?" Ikkyu griff sofort zum Pinsel und schrieb: „Aufmerksamkeit." „Ist das alles?", fragte der Mann. „Wollt Ihr nicht noch etwas hinzufügen?" Ikkyu schrieb daraufhin zweimal hintereinander: „Aufmerksamkeit. Aufmerksamkeit." „Nun", meinte der Mann ziemlich gereizt, „ich sehe wirklich nicht viel Tiefes und Geistreiches in dem, was Ihr gerade geschrieben habt." Daraufhin schrieb Ikkyu das gleiche Wort dreimal hintereinander: „Aufmerksamkeit. Aufmerksamkeit. Aufmerksamkeit." Halb verärgert begehrte der Mann zu wissen: „Was bedeutet dieses Wort ‚Aufmerksamkeit' überhaupt?" Und Ikkyu antwortete sanft: „Aufmerksamkeit bedeutet Aufmerksamkeit."

Zen-Anekdote

❖ 9 ❖

Erkenne selber dich. Wer sich erkennen kann,
Trifft inner sich oft mehr als nur den Menschen an.

Daniel Czepko

❖ 10 ❖

Die Zeit ist wie ein welker Rand
an einem Buchenblatt.
Sie ist das glänzende Gewand,
das Gott verworfen hat,
als Er, der immer Tiefe war,
ermüdete des Flugs
und sich verbarg vor jedem Jahr,
bis ihm sein wurzelhaftes Haar
durch alle Dinge wuchs.

Rainer Maria Rilke

❖ 11 ❖

Man findet Gott nicht, indem man die Gegenwart gegen die
Zukunft oder die Vergangenheit abwägt, sondern nur, indem
man sich in das Herz der Gegenwart sinken läßt, so wie sie ist.

Thomas Merton

❖ 12 ❖

Nur wer den Ursprung erfährt,
kann ganz im Augenblick sein;
ewig durchfließt ihn der Lebensstrom,
TAO.
Strömend hierhin, dorthin –
alles stammt aus ihm;
nichts ist ohne TAO.

Laotse

❖ 13 ❖

Alles, was die Seele empfängt, ist klein gegenüber dem, was sie nicht bekommt und wird von ihr als ein Nichts empfunden. Dadurch entsteht in ihr Sturm; sie fällt in Ungeduld und wird krank vor Liebe. Sie kann Gott weder entbehren noch ihn kriegen; sie kann ihn nicht ergründen noch seine Höhe erreichen; sie kann ihn nicht fassen und nicht lassen. Das ist das Unwetter und die geistliche Plage, wovon ich zuvor sprach. Denn die mannigfachen Stürme und Bewegungen, die aus der Minne von beiden Seiten kommen, sind unaussprechlich für jede Zunge. Bisweilen macht die Minne des Menschen Gemüt heiß, dann wieder kalt, zuweilen ängstlich, dann wieder stark, bald fröhlich, bald betrübt. Sie verursacht Furcht, Hoffen, Verzagen, Weinen, Klagen, Singen, Loben und ähnliches. – Das alles müssen die Menschen erleiden in der Trunkenheit der Liebe. Dennoch ist dieses das innerlichste und nützlichste Leben, das die Menschen führen können in je ihrer Weise.

Jan van Ruysbroeck

❖ 14 ❖

Die Göttlichkeit Gottes leuchtet in den Kreaturen als die Wahrheit eines gespiegelten Bildes.

Nikolaus von Kues

❖ 15 ❖

Wer da etwas heiß mit ganzer Kraft so liebt, daß ihm nichts anderes schmeckt und zu Herzen geht als dieses und er nur nach diesem verlangt und sonst nach gar nichts: Wahrhaftig, ein solcher Mensch mag sein, wo er will oder bei wem auch immer; er mag beginnen oder tun, was er will, nimmer erlischt in ihm das, was er so sehr liebt, und sein Bild findet er in allen Dingen. Es steht ihm umso deutlicher vor Augen, je mehr sich seine Liebe steigert. Ein solcher Mensch sucht nicht Ruhe, denn ihn behindert keine Unruhe.

Meister Eckhart

❖ 16 ❖

Wenn du dich auf uns schüttest,
fällst du nicht nach unten,
sondern hebst uns empor.
Wenn du dich verströmst,
verstreust du dich nicht,
sondern sammelst uns ein.

Augustinus

❖ 17 ❖

Wenn du ein kleines Fünklein Liebe in deinem Herzen hast, so achte darauf, dieses Fünklein mit dem Öl des Lobpreises zu schüren. Von diesem Öl lebt und wächst dein winziges Feuer. Durch den Lobpreis wird die Liebe stärker, und der Lobpreis schürt wiederum die Liebe.

Balduin von Ford

❖ 18 ❖

Zen betrachtet ein Wesen in sich und nicht als Zuhandenes: Berge als Berge, Flüsse als Flüsse, die wunderschöne Rose als Rose, die Unkrautblüte in ihrer Schönheit als Unkrautblüte, ein häßliches Entlein als häßliches Entlein. Wenn Sie es fertigbringen, das Dasein in einem häßlichen Entlein wahrzunehmen, werden Sie feststellen, daß sich die Häßlichkeit zu Ihrer Überraschung plötzlich in strahlende Schönheit verwandelt.

Katsuki Sekida

❖ 19 ❖

Diese Schau ist nicht die Frucht menschlichen Scharfsinns, noch
kann sie menschliches Bemühen erwerben; doch der Sehnsucht
wird sie zuweilen aus Gnade zuteil. Sie kann nicht von den
Kräften des Verstandes erfaßt werden, und man kann sie auch
nicht durch beharrliche Anstrengung wach halten. Sie kommt
ganz unvermittelt nach ganz eigenen Gesetzen.

Gilbert von Hoyland

❖ 20 ❖

Hör nur das Flüstern der Dinge...
    Sie sagen es, doch sagen sie es heimlich.
Nur allein enthüllen sie sich.
    Allein in der Nacht und am geheimen Ort zieht man sich aus.
    Kosmische Scham.
Die Natur: nüchtern, schamhaft.
    Alles schlägt die Augen nieder.
    – Mein Geheimnis ist nur für meinen Geliebten.

Ernesto Cardenal

❖ 21 ❖

Wenn du im Satori bist, kannst du in einem einzigen Grashalm
einen herrlichen Palast aus kostbaren Steinen entdecken; aber
wenn du nicht im Satori bist, verschwindet dir sogar ein
herrlicher Palast hinter einem einzigen winzigen Grashalm.

Ein Zen-Meister

❖ 22 ❖

Gewännest du einen rechten Blick der unsichtbaren Welt, dann
erst vermöchtest du zu erkennen die geheimnisreiche Liebe, die
ich dir verkündige. Das Dasein der Liebe wird Blatt für Blatt
völlig zerstört von der Trunkenheit der Liebe selbst.

Farîd-ed-dîn Attâr

❖ 23 ❖

Größer als alle Rätselwebe am Rande des Seins ist uns die
zentrale Wirklichkeit der alltäglichen Erdenstunde, mit einem
Streifen Sonne auf einem Ahornzweig und der Ahnung des
ewigen Du.

Martin Buber

137

❖ 24 ❖

Jedes Ding ist ein Wort,
    ein Wort der Liebe.
Allein die Liebe enthüllt
    doch sie verhüllt, was sie enthüllt,
enthüllt verschwiegen,
    allein Geliebte und Geliebter
in lichter Einsamkeit,
    die Nacht der Liebenden,
Wort, das nie vergeht,
    während das Wasser unter den Brücken fließt
    und der Mond langsam über die Häuser zieht.

Ernesto Cardenal

❖ 25 ❖

„Siehe, ich gebe dir meine Augen, daß du mit ihnen alle Dinge
sehest, und meine Ohren, daß du mit ihnen alle Dinge
vernehmest; auch meinen Mund gebe ich dir, daß du alles, was
du an Reden, Beten oder Singen auszusprechen hast, durch ihn
tuest. Ich gebe dir mein Herz, daß du dadurch alles denkest und
mich und um meiner willen alle Dinge liebest." In diesem Worte
zog Gott diese Seele ganz in sich und vereinte sie also mit sich,
daß es ihr erschien, sie sehe mit Gottes Augen, und höre mit
seinen Ohren, und rede mit seinem Munde, und fühle kein
andres Herz zu haben als das Herz Gottes.

Mechthild von Hackeborn

138

❖ 26 ❖

Die Ruhe ist weiselos und grundlos. Man kann sie nur durch sich selbst erkennen, nämlich durch Ruhen. Denn könnten wir sie erkennen und verstehen, so erhielte sie Weise und Maß. Dann aber könnte sie uns nicht genügen, und die Ruhe würde zu einer ewigen Unruhe.

Jan van Ruysbroek

❖ 27 ❖

Die innere Erquickung ist so zart, daß, wer Lust danach verspürt und darum besorgt ist, sie nur ja zu spüren, sie für gewöhnlich nicht spürt; denn sie wirkt im Moment der größten Untätigkeit und Sorglosigkeit des Menschen. Es ist wie mit der Luft, die entweicht, wenn man sie mit der Hand umschließen will.

Johannes vom Kreuz

❖ 28 ❖

Oft findet sich das Gefühl für den Schmerz in allen Dingen auf dem Grund unseres Sinns für Schönheit, vor allem, wenn er der Ausdruck der Liebe ist, die durch irgend etwas Verhängnisvolles im Leben vor unüberwindlichen Schranken steht.

Katsuki Sekida

139

❖ 29 ❖

Als ich um mich und nach oben und nach unten schaute, kam
mir das gesamte Universum mit seinen vielfältigen Sinnes-
Eindrücken völlig anders als bisher vor; was bislang ekelhaft und
mit Unwissenheit und Leidenschaften behaftet gewesen war, sah
nun aus, als sei es nichts anderes als der Ausfluß meiner eigenen
innersten Natur, die in sich leuchtend, wahr und transparent
blieb.

Yüan-chon Hsüeh-Yen Tsu-ch'in

❖ 30 ❖

Wer Ohren hat zu hören, der höre.
    Wir sind von Klang umgeben.
Alles, was ist, vereint durch seinen Rhythmus.
    Kosmischer Jazz, nicht chaotisch und nicht kakophonisch.
    Kosmos, der wie eine dunkle Schallplatte kreist und singt
    in der tiefen Nacht
oder romantischer Sender eines Radios, den der Wind
herüberweht.

Ernesto Cardenal

ERNTE

❖ **1** ❖

Die Geschichte meiner Seele ist die Geschichte vom Korn.
Im Frühling war ich Saat im Winde, ich war Blüte, ich war Spiel
und Freude. Damals, o mein Gott, habe ich dich geliebt.
Im Sommer ist mein Korn gereift: Ich habe dir einige Werke
gegeben.
Im Herbst habe ich es verloren! Ich habe nichts mehr, was ich
dir geben könnte. Ich habe weder Blüte noch Korn. Ich bin nicht
mehr ich selbst noch irgend etwas, was mir gleicht. Von
Zerbrechen zu Zerbrechen bin ich zu Staub geworden.
Da bin ich, gedroschenes Korn, zerriebenes Mehl, da bin ich:
Brot, geknetet, gebacken, zerbissen, zerkaut, zerstört.
Nichts ist von mir geblieben.
Ich habe dir nichts zu geben, o mein Gott, weder Blüte noch
Frucht, weder Herz noch Werk; nichts mehr als einen
gehorsamen Bissen trockenen Brotes.
Dein Brot, wie du das meinige bist.

Marie Noël

❖ **2** ❖

Gott konnte nur erschaffen, indem er sich verbarg. Anders gäbe
es nur ihn allein.
Also muß auch die Heiligkeit verborgen sein, in einem gewissen
Grade sogar dem Bewußtsein. Und sie muß es in der Welt sein.

Simone Weil

❖ 3 ❖

Die lebende Einigkeit mit Gott ist in unserem Grundwesen: Wir können sie nicht verstehen, noch einholen, noch in den Griff bekommen. Sie spielt und singt vor allen unseren Kräften und heischt von uns, mit Gott ganz ohne Mittelsbehelf eins zu werden; dies aber können wir allein nicht leisten.

Jan van Ruysbroek

❖ 4 ❖

Die einzige menschliche Umarmung, die das Göttliche würdig zu umfassen fähig ist, ist die Umarmung aller menschlichen Arme, die alle miteinander ausgebreitet sind, um das Feuer herabzurufen und zu empfangen.

Pierre Teilhard de Chardin

❖ 5 ❖

In dem Abgrund (Gottes) verliert sich der (menschliche) Geist so tief, in so grundloser Weise, daß er von sich selbst nichts mehr weiß: weder Wort noch Weise, weder Schmecken noch Fühlen, weder Erkennen noch Lieben; denn alles ist ein lauterer, reiner, einfacher Gott, ein unaussprechlicher Abgrund, ein Sein, ein Geist. Gott gibt aus Gnade dem (menschlichen) Geist das, was er (Gott) von Natur ist, und vereinigt mit dem Geist sein namenloses, formloses, artloses Sein. Gott wird in diesem Geist alle dessen Werke wirken, erkennen, lieben, loben und genießen. Der Geist aber ist ganz ohne anderes und läßt Gott wirken.

Johannes Tauler

❖ 6 ❖

Ich lag wach in der Nacht und dachte über mein vergeudetes Leben nach. Da war mir's, als hörte ich Dich zu mir sprechen: „In deiner sorglosen Jugend ließest du alle Türen deines Hauses offen stehen. Die Welt ging ein und aus, wie es ihr gefiel, die Welt mit ihrem Staub, ihren Zweifeln und Wirren – und mit ihrer Musik.
Mit der wilden Menge trat ich immer wieder bei dir ein, unerkannt und ungebeten.
Wenn du in weiser Zurückgezogenheit deine Türen verschlossen gehalten hättest, wie hätte ich in Dein Haus kommen können?"

Rabindranath Tagore

❖ 7 ❖

Dein Geist hat sich gemischet mit dem meinen,
Wie Moschus mit dem Ambra, duftend reinen:
Was Dich berührt, muß mich sogleich berühren.
So bist Du ich – ein ungetrennt Vereinen!

Es hat mein Geist gemischt sich mit dem Deinen,
Wie Wein vermischt mit klarem Wasser sich.
Wenn etwas Dich berührt, rührt es auch mich an,
Denn immer bist und überall Du ich.

Ich bin der, den ich lieb'; Er, den ich liebe
Ist ich – zwei Geister, doch in einem Leibe.
Und wenn du mich siehst, hast du Ihn gesehen,
Und wenn du Ihn siehst, siehest du uns beide.

Al-Halladsch

❖ 8 ❖

Wenn ein Mensch die ganze Lehre und alle Gebote erfüllt hat,
aber die Wonne und das Entbrennen hat er nicht gehabt: wenn
der stirbt und hinübergeht, öffnet man ihm das Paradies, aber
weil er in der Welt die Wonne nicht gefühlt hat, fühlt er auch
die Wonne des Paradieses nicht.

Martin Buber

❖ 9 ❖

Hat einer Gott allein und meint allein Gott, werden ihm alle Dinge lauter Gott. Dieser Mensch trägt Gott in alle seine Werke und an alle Orte, und eines solchen Menschen ganzes Tun wirkt schlechthin Gott; denn wer das Werk verursacht, dessen ist das Werk eigentlicher und wahrhafter denn dessen, der es vollbringt.

Meister Eckhart

❖ 10 ❖

Mein Herz besaß wohl manche Lust und Wünsche –
Sie wurden eins, seit Dich mein Blick erlesen!
Wen ich beneidet einst, beneidet mich jetzt,
Seit Du mein Herr bist, bin ich Herr der Wesen.
Mich tadeln ja nur darum Freund und Feinde,
Weil niemand ahnt, wie groß mein Schmerz gewesen.
Ich ließ den Leuten ihre Welt und Glauben –
In Deiner Lieb', Du, Welt und Glaubens Wesen!

Al-Halladsch

❖ 11 ❖

Einzig das in allen Dingen, was uns von außen zufällt, unentgeltlich, als Überraschung, als eine Gabe des Schicksals, ohne daß wir es gesucht hätten, ist reine Freude. Gleicherweise kann das wirklich Gute uns immer nur von außen zufallen, niemals aus unserer Bemühung.

Simone Weil

❖ 12 ❖

Alles menschliche Tun, sogar die Sünde, ist eine Suche nach Gott, nur sucht man ihn meistens dort, wo Er am wenigsten zu finden ist.
Darum sagt der Kirchenvater Augustinus: „Suche, was du suchst, aber nicht dort, wo du es suchst." Überall suchen wir Gott, auf Festen und Orgien und Reisen, in Kinos und Bars, und doch finden wir Ihn einzig und allein in uns selbst.

Ernesto Cardenal

❖ 13 ❖

In Louisville, an der Ecke von Forth und Walnut Street, mitten
im Einkaufsviertel, wurde ich plötzlich von der Wahrnehmung
überwältigt, daß ich alle diese Menschen liebte; daß sie mir
angehörten und ich ihnen, und daß wir einander nicht fremd
sein konnten, obwohl wir uns überhaupt nicht kannten. Es war,
als erwachte ich aus einem Traum vom Getrenntsein auf, aus
einer isolierten Einzelexistenz in einer besonderen Welt. Die
ganze Illusion eines separaten heiligen Daseins ist ein
Traumgespinst.
Dieses Gefühl der Befreiung von einem illusorischen Anderssein
überkam mich als derart entlastend und froh machend, daß ich
fast laut aufgelacht hätte.
Mich erfüllt die unendliche Freude, ein *Mensch* zu sein,
Mitglied einer Gattung, in die sich Gott selbst inkarniert hat.
Wenn das nur allen Menschen aufginge! Aber man kann das
andern nicht mit Worten beibringen. Es gibt keine Möglichkeit,
allen Leuten zu sagen, sie kämen alle daher wie strahlende
Sonnen.

Thomas Merton

❖ 14 ❖

Der stille Gott erfüllt alles mit Stille.
Ihn in seiner Ruhe schauen, heißt selber ruhen.

Bernhard von Clairvaux

147

❖ 15 ❖

In Gott wird nichts erkannt; er ist ein einig Ein.
Was man in ihm erkennt, das muß man selber sein.

Angelus Silesius

❖ 16 ❖

Die Bäume sind wie die Haare von roten und
blonden Mädchen. Die tropfenden Blätter, rote und goldene,
fallen und fallen, wie Haare.
Wieder ist Herbst. Schnell ist ein Jahr vorbei,
wie der Zug, der pfeifend vorbeifuhr hinter den Bäumen,
wie das silbrige Flugzeug, das vorüberfliegt und nicht mehr
umkehrt,
wie die Vögel, die über uns hinziehn, gen Spanischamerika.

Ernesto Cardenal

❖ 17 ❖

Am Abend, wenn der Lärm müde geworden ist,
ist die Luft erfüllt von dem Gemurmel der See.
Die ziellos schweifenden Wünsche des Tages kehren heim und
setzen sich still auf ihren Platz um die Abendlampe.
Das Spiel der Liebe wird zu ernster Anbetung, der Strom des
Lebens berührt die Tiefe, und die Welt der Formen taucht unter
in einem Meer von Schönheit, die über alle Form ist.

Rabindranath Tagore

❖ 18 ❖

Wer den Weg nach innen fand,
Wer in glühndem Sichversenken
Je der Weisheit Kern geahnt,
Daß sein Sinn sich Gott und Welt
Nur als Bild und Gleichnis wähle:
Ihm wird jedes Tun und Denken
Zwiegespräch mit seiner eignen Seele,
Welche Welt und Gott enthält.

Hermann Hesse

❖ 19 ❖

Die Schau kommt und geht mit einem jähen Windstoß des Geistes. Sie ergibt sich unvermittelt und für einen kurzen Augenblick, ist plötzlich da und plötzlich wieder fort. Auch wenn sie nur ganz kurz ist, hinterläßt sie doch Eindrücke und Gedanken, die so lichtvoll und heiter sind, daß im Geist dessen, der sich an sie erinnert, ein frohes Fest anhebt.

Gilbert von Hoyland

❖ 20 ❖

Tao ist jenseits
aller Wörter
und jenseits aller Dinge.
Man kann es nicht im Schweigen fassen
und auch nicht im Wort.
Wo es kein Schweigen mehr gibt
und auch kein Wort,
da kann das Tao
wahrgenommen
werden.

Tschuang-tse

150

❖ 21 ❖

Viel hast du mir gegeben,
Und doch bitte ich um mehr.
Es ist mir nicht nur um den Trunk Wasser,
sondern um die Quelle selbst;
Es ist mir nicht nur um Geleit bis zur Tür,
sondern um Einlaß in die Halle des Meisters.
Es ist mir nicht nur um die Gabe der Liebe,
sondern um den Liebenden selbst.

Rabindranath Tagore

❖ 22 ❖

Bar allen Denkens saß ich still am Schreibtisch in meinem Büro.
Ungetrübt lag der Quellgrund meines Geistes, wie ein stilles,
heiteres Wasser.
Da: ein jäher Donnerschlag! Die Geistestore sprangen auf,
und schau: da sitzt der alte Mann ganz einfach da.

Chao-pien

❖ 23 ❖

Ich weiß nicht, wo das Ich ist, noch suche ich es, noch will ich davon wissen, noch Kunde haben. Ich bin so eingesetzt und untergetaucht in der Quelle seiner unmeßbaren Liebe, als wäre ich im Meer ganz unter Wasser und könnte von keiner Seite irgend ein Ding tasten, sehen, fühlen als Wasser. So bin ich eingetaucht in dem süßen Feuer der Liebe, daß ich nichts anderes fassen kann, als die ganze Liebe, die mir alles Mark der Seele und des Körpers schmelzt.

Katharina von Genua

❖ 24 ❖

Wir sind Gott nahe gekommen, aber einer Enträtselung, Entschleierung des Seins nicht näher. Erlösung haben wir verspürt, aber keine ‚Lösung'. Was wir empfangen haben, damit können wir nicht zu den anderen gehen und sagen: Dieses ist zu wissen, dieses ist zu tun. Wir können nur gehen und bewähren. Und auch dies „sollen" wir nicht – wir können – wir müssen.

Martin Buber

❖ 25 ❖

Herr: es ist Zeit. Der Sommer war sehr groß.
Leg deinen Schatten auf die Sonnenuhren,
und auf den Fluren laß die Winde los.

Befiehl den letzten Früchten voll zu sein;
gib ihnen noch zwei südlichere Tage,
dränge sie zur Vollendung hin und jage
die letzte Süße in den schweren Wein.

Wer jetzt kein Haus hat, baut sich keines mehr.
Wer jetzt allein ist, wird es lange bleiben,
wird wachen, lesen, lange Briefe schreiben
und wird in den Alleen hin und her
unruhig wandern, wenn die Blätter treiben.

Rainer Maria Rilke

❖ 26 ❖

Die Schöpfung des Himmels und der Erde ist die Entfaltung des
Etwas aus dem Nichts, das Hinabsteigen des Oberen in das
Untere. Aber die Heiligen, die sich vom Sein ablösen und Gott
immerdar anhangen, die sehen und erfassen ihn in Wahrheit, als
wäre das Nichts wie vor der Schöpfung. Sie wandeln das Etwas
in Nichts zurück. Und dies ist das Wunderbarere: das Untere
emporzubringen.

Martin Buber

153

❖ 27 ❖

Ich weiß, daß dieses Leben, das in Liebe zu reifen versäumte, nicht ganz verloren ist.
Ich weiß, daß die Blumen, die beim Morgengrauen welken, daß Bäche, die sich in der Wüste verirren, nicht ganz verloren sind.
Ich weiß, daß alles, was in diesem Leben zurückbleibt, weil es gehemmt ist, nicht ganz verloren ist. Ich weiß, daß meine noch unerfüllten Träume, meine noch nicht gespielten Melodien noch in einer Deiner Lautensaiten schlummern und nicht ganz verloren sind.

Rabindranath Tagore

❖ 28 ❖

Wenn man einen Backofen heizt und darin einen Teig von Hafer und einen von Gerste und einen von Roggen und einen von Weizen legt, so ist das nur eine Hitze in dem Ofen, und doch wirkt sie nicht gleich in allen Teigen; denn der eine wird zu schönem Brot, der andere wird gröber, der dritte noch gröber. Und daran ist nicht die Hitze schuld, es ist die Schuld der Materie, die da ungleich ist. Ebenso wirkt Gott nicht gleich in allen Herzen; er wirkt danach, wie er Bereitschaft und Empfänglichkeit findet.

Meister Eckhart

❖ 29 ❖

Ich kenne die Liebe und weiß: sie besteht darin, daß keine Frage mehr gestellt wird.

Antoine de Saint-Exupéry

❖ 30 ❖

Wenn du dahinkommst, aus dem Grunde zu fassen, was du selber redest, wirst du die Sprache aller Wesen verstehen lernen. Denn so viele Sprachen es gibt, die Sprache der Wesen ist eine.

Martin Buber

❖ 31 ❖

Wenn du im hellen Schein der Sonne stehst und deine Augen abwendest von allen Farbeneindrücken, von aller trennenden und unterscheidenden Beobachtung, von allen Dingen, welche die Sonne bescheint, und wenn du ganz hingegeben mit deinem Gesichte statt dessen nur das Licht und die Strahlen verfolgst, die aus der Sonne kommen, so wirst du hinübergeleitet in dasselbe, was die Sonne ist. Insgleichen, wenn du den schimmernden Strahlen folgst, die aus dem Antlitze Gottes in dein einfältiges Gesichte niederdringen, werden diese dich hinüberziehen in den Ursprung deiner Erschaffenheit: Allwo nichts anderes sich findet als Gott allein.

Jan van Ruysbroek

NEBEL

❖ 1 ❖

Wir schauen Gott nur im Dämmerlicht. Wir sehen Ihn wie einen Film, der schon läuft, während die Türen noch geschlossen, die Lichter noch nicht gelöscht sind. Erst wenn es langsam dunkler wird, fangen wir an, die Figuren auf der Leinwand immer deutlicher zu unterscheiden.

Ernesto Cardenal

❖ 2 ❖

Der Meister des Todes kommt ohnehin bald, vielleicht vernehmen wir schon Seine Schritte. Kommen wir Seiner Stunde nicht zuvor, aber fürchten wir sie auch nicht! Wenn Er in uns eintritt, um scheinbar die Tugenden und Kräfte zu zerstören, die wir für Ihn mit so viel Sorgfalt und Liebe aus allen Lebenssäften der Erde gewonnen haben, dann tritt Er wie ein liebendes Feuer ein, um unsere Vollendung in der Einigung zu erfüllen.

Pierre Teilhard de Chardin

❖ 3 ❖

Der Mensch, wenn er ins Leben tritt,
ist weich und schwach,
und wenn er stirbt,
so ist er hart und stark.
Die Pflanzen, wenn sie ins Leben treten,
sind weich und zart,
und wenn sie sterben,
sind sie dürr und starr.
Darum sind die Harten und Starken
Gesellen des Todes,
die Weichen und Schwachen
Gesellen des Lebens.

Laotse

❖ 4 ❖

Wohl endet Tod des Lebens Not,
Doch schauert Leben vor dem Tod.
Das Leben sieht die dunkle Hand,
Den hellen Kelch nicht, den sie bot.
So schauert vor der Lieb ein Herz,
Als wie von Untergang bedroht.
Denn wo die Lieb erwachet, stirbt
Das Ich, der dunkele Despot.
Du laß ihn sterben in der Nacht,
Und atme frei im Morgenrot.

Dschalâl-ed-Dîn Rumî

❖ 5 ❖

Wenn du still bist, feierst du Sabbat.
Gut ist es, wenn du still bist von der Welt.
Besser, wenn du mit dir selbst still bist und dich auf Gott
ausrichtest.
Am besten ist es, wenn du mit Gott still bist.

Gilbert von Hoyland

158

❖ 6 ❖

Die Seel ist ein Kristall, die Gottheit ist ihr Schein;
Der Leib, in dem du lebst, ist ihrer beider Schrein.

Angelus Silesius

❖ 7 ❖

Die Liebe packt den Menschen spontan und läßt ihn spontan
reagieren. Wahre Liebe ist sich selbst genug. Sie hat einen Lohn:
aber der besteht darin, daß sie geliebt wird.

Bernhard von Clairvaux

❖ 8 ❖

Es ist Gott, der sich aus Liebe von uns zurückzieht, damit wir
ihn lieben können. Denn wären wir den Strahlen seiner Liebe
unmittelbar ausgesetzt, ohne den Schutz von Raum, Zeit und
Stofflichkeit, wir würden verdunsten wie das Wasser in der
Sonne; wir hätten nicht genügend Ich in uns, um das Ich aus
Liebe preiszugeben. Die Notwendigkeit ist die Schutzwand
zwischen Gott und uns, damit wir sein können. An uns ist es,
die Wand zu durchstoßen, damit wir aufhören zu sein.

Simone Weil

❖ 9 ❖

Wenn sich an meinem Körper und noch mehr an meinem Geist die Abnutzung des Alters zu zeigen beginnt; wenn das Übel, das mindert oder wegrafft, mich von außen überfällt oder in mir entsteht; im schmerzlichen Augenblick, wo es mir plötzlich zum Bewußtsein kommt, daß ich krank bin und alt werde; besonders in jenem letzten Augenblick, wo ich fühle, daß ich mir selbst entfliehe, ganz ohnmächtig in den Händen der großen ungekannten Mächte, die mich gebildet haben; in all diesen düstern Stunden, laß mich, Herr, verstehen, daß Du es bist, der – sofern mein Glaube groß genug ist – unter Schmerzen die Fasern meines Seins zur Seite schiebt, um bis zum Mark meines Wesens einzudringen und mich in Dich hineinzuziehen.

Pierre Teilhard de Chardin

❖ 10 ❖

Die Stille weiß alles. Die Stille sagt alles. Und aus der Seele, die gestern untröstlich war, steigt das Lied unermeßlicher Glückseligkeit.

Marie Noël

❖ 11 ❖

Die Offenbaren stehen auf den Verborgenen. Und auch an ihnen selber, den Offenbaren, ist das, was andere zu tragen vermag, nicht ihre Offenbarheit, sondern ihre Verborgenheit. Alles tragende Sein ist verborgen.

Martin Buber

❖ 12 ❖

Nicht zuviel Selbstbeherrschung. Man muß der Seele die Gnade ihrer Regungen lassen.
Die Gnade ist Freiheit.
Ich ziehe einige leichte Fehler der Natur der Orthopädie der Vollkommenheit vor.

Marie Noël

❖ 13 ❖

Eine Mutter weint über dem Grabe ihrer Tochter. Ein Sufi geht vorbei und spricht: Diese Frau ist besser daran als wir. Sie weiß doch, wen sie verloren hat und über die Trennung von wem sie weinen soll. Ich sitze Tag und Nacht in Trauer und weiß doch nicht, über wen ich weine wie die Regenwolke! Ich weiß nicht, wem ich ferne bin.

Sufi-Parabel

❖ 14 ❖

Das grundlose Gut, welches wir schmecken und besitzen, können wir nicht begreifen noch verstehen, können auch von uns aus durch gewollte Vorbereitung niemals dahinterkommen. So sind wir arm in uns selber, in Gott reich; in uns hungrig und durstig, in Gott getränkt und gesättigt; in uns tätig, in Gott aber müßig. Und also sollen wir ewig bleiben.

Jan van Ruysbroek

❖ 15 ❖

Die vielen Dinge, die du tief versiegelt
durch deine Tage trägst in dir allein,
die du auch im Gespräche nie entriegelt,
in keinen Brief und Blick sie ließest ein,

die schweigenden, die guten und die bösen,
die so erlittenen, darin du gehst,
die kannst du erst in jener Sphäre lösen,
in der du stirbst und endend auferstehst.

Gottfried Benn

❖ 16 ❖

Der Schöpfer bohrte die Öffnungen der Sinnesorgane nach
außen,
daher blickt der Mensch nach außen und nicht nach innen;
doch ein Weiser, der nach Unsterblichkeit strebte,
wandte seine Augen nach innen und sah das Selbst unmittelbar.

Katha Upanishad

❖ 17 ❖

Du, Mensch, schau dich in deinem Leben nie so an, als wärst du
ferne von Gott. Und wenn du dich nicht so ansehen kannst, daß
du nah seist bei Gott, so fasse doch den Gedanken, daß Gott
nahe bei dir ist. Gott geht nimmer in die Ferne, er bleibt
beständig in der Nähe; und kann er nicht drinnen bleiben, so
entfernt er sich doch nicht weiter als bis vor die Tür.

Meister Eckhart

❖ 18 ❖

Nur indem du sie hast, hast du Gegenwart; und du kannst sie
dir zum Gegenstand machen, sie zu erfahren und zu
gebrauchen, du mußt es immer wieder tun, und hast nun keine
Gegenwart mehr. Zwischen dir und ihr ist Gegenseitigkeit des
Gebens; du sagst Du zu ihr und gibst dich ihr, sie sagt Du zu dir
und gibt sich dir. Über sie kannst du dich mit andern nicht
verständigen, du bist einsam mit ihr; aber sie lehrt dich andern
begegnen und ihrer Begegnung standhalten; und sie führt dich,
durch die Huld ihrer Ankünfte und durch die Wehmut ihrer
Abschiede, zu dem Du hin, in dem die Linien der Beziehungen,
die Parallelen, sich schneiden. Sie hilft dir nicht, dich im Leben
zu erhalten, hilft dir nur, die Ewigkeit zu ahnen.

Martin Buber

❖ 19 ❖

Gebet besteht nicht in dem Bemühen, Gott zu erreichen,
sondern darin, unsere Augen zu öffnen und zu erkennen, daß
wir schon bei ihm sind.

Thomas Merton

❖ 20 ❖

Wer seines Lebens viele Widersinne
versöhnt und dankbar in ein Sinnbild faßt,
der drängt die Lärmenden aus dem Palast,
wird anders festlich, und du bist der Gast,
den er an sanften Abenden empfängt.

Du bist der zweite seiner Einsamkeit,
die ruhige Mitte seinen Monologen,
und jeder Kreis, um dich gezogen,
spannt ihm den Zirkel aus der Zeit.

Rainer Maria Rilke

❖ 21 ❖

Eine Gelassenheit über alle Gelassenheit ist gelassen sein in Verlassenheit.

Heinrich Seuse

❖ 22 ❖

Der Mensch denkt sich Gott so, wie er ihn wünscht; aber Gott bleibt immer so, wie er ist.

Ägidius von Assisi

❖ 23 ❖

Das wahre Gott-haben ist am Gemüte gelegen und an einer innigen und bewußten Hinwendung und Strebung zu Gott, nicht etwa an einem gleichmäßigen stetigen Denken an Gott; denn das wäre der Natur unmöglich zu erstreben und wäre auch gar schwer und nicht einmal das Allerbeste. Der Mensch soll nicht bloß einen erdachten Gott haben und es sich bei dem genug sein lassen; wenn der Gedanke vergeht, so vergeht auch der Gott. Vielmehr: man soll einen wesenhaften Gott haben, der hoch über den Gedanken der Menschen ist und aller Kreatur. *Der* Gott vergeht nicht, es kehre sich denn der Mensch freiwillig von ihm ab.

Meister Eckhart

❖ 24 ❖

Das Genießen findet in dem form- und artlosen Wesen der Gottheit Erlösung und Gipfel. Nun bilden wir alle mit Gott ein einheitliches, wesentliches Seligkeitsglück; darin gibt es hinsichtlich ihrer Persönlichkeit weder mehr Gott noch Kreatur. Wir sind darin alle mit Gott zu einer einzigen grundlosen Seligkeit vereint und ohne Unterschied. Wir sind nun verloren, entsunken und entflossen in eine unbekannte Düsternis.

Jan van Ruysbroek

❖ 25 ❖

Das Fleisch und Blut, das tönerne Gefäß, die irdische Wohnstatt: wann können sie das fassen? Wann erfahren sie dieses Angerührtwerden: daß der Geist, trunken von göttlicher Liebe, sich selbst vergißt, wie ein Gefäß in sich selbst zerbricht, ganz in Gott eingeht, Gott anhängt und *ein* Geist mit ihm wird?

Bernhard von Clairvaux

❖ 26 ❖

Nun bleibt noch zu sagen, daß *diese glückselige Nacht* den Geist zwar verdunkelt, aber nur deshalb, um ihm bezüglich aller Dinge Licht zu spenden; sie macht ihn zwar demütig und erbarmungswürdig, aber doch nur, um ihn aufzurichten; auch macht sie ihn arm und leer von jedem Besitz und jeder natürlichen Neigung, aber nur, damit er sich auf göttliche Weise ausweiten kann, um alle Dinge von oben und alle Dinge von unten zu genießen und zu schmecken, denn nun eignet ihm in allem die umfassende Freiheit des Geistes.

Johannes vom Kreuz

❖ 27 ❖

Die Ekstase läßt mich den Tod verstehen, die Seligkeit. Sie ereignet sich nicht ohne augenblickliche Vernichtung der Person. In der Ekstase gibt es keine Zeit, in der Ekstase gibt es keinen Ort, der Mensch hat die Grenzen überschritten – ist hinausgegangen aus seinem Selbst.
Vielleicht ist der Tod eine endgültige Ekstase.

Marie Noël

❖ 28 ❖

Du biegst mich langsam aus der Zeit,
in die ich schwankend stieg;
ich neigte mich nach leisem Streit:
jetzt dauert deine Dunkelheit
um deinen sanften Sieg.

Rainer Maria Rilke

❖ 29 ❖

Du mußt aber wissen, daß die Freunde Gottes nie ohne Trost
sind; denn was Gott will, das ist ihr allerhöchster Trost, sei's nun
Trost oder Untrost.

Meister Eckhart

❖ 30 ❖

Bei jeder Einstrahlung Gottes wird der Mensch von Gott
ergriffen und von neuem in Liebe berührt. Lebend stirbt er und
sterbend lebt er wieder auf. Und so wird das hungernde und
dürstende Liebesbegehren in ihm stündlich erneuert.

Jan van Ruysbroek

DEZEMBER
NACHT

❖ 1 ❖

Wir treten aus uns selber hinaus in Finsternis und in das
unergründliche Nichtwissen – aber da scheint beständig der
einfache Strahl der Klarheit Gottes, in dem wir wurzeln, und er
zieht uns heraus aus uns selber in das Überwesentliche und in
die Entsunkenheit der Liebe.

Jan van Ruysbroek

❖ 2 ❖

Die Liebe führt und regt den Menschen an und läßt ihn auf dem
Weg der Einsamkeit zu seinem Gott fliegen, ohne zu wissen,
wie und auf welche Weise.

Johannes vom Kreuz

❖ 3 ❖

So sei auch gepriesen, mein Gott,
für unsere Schwester, die Traurigkeit.
Still geht sie durch jeden unserer Tage,
heilt nicht Wunden
und trocknet nicht Tränen,
stillt nicht den Wehlaut,
die Schreie der Angst,
der bitteren Verzweiflung.
Doch manchmal,
in sternloser Nacht,
fällt ihr von Blut und Tränen schweres Gewand,
und da steht sie hellen Gesichtes
als der strahlendste Engel des Lichts.

Clarita Schmid

❖ 4 ❖

Alldieweil Lieb bei Lieb ist, weiß Lieb nicht, wie lieb Lieb ist;
Wenn aber Lieb von Lieb scheidet, so empfindet erst Lieb, wie
lieb Lieb war.

Heinrich Seuse

❖ 5 ❖

Stellen Sie sich vor, Sie dringen in eine Höhle vor und erreichen ihren tiefsten Punkt, an dem eine kleine Glühbirne brennt. Sie können nichts sehen. Aber je mehr sich ihre Augen an das Licht gewöhnen, desto klarer sehen Sie im Licht der Birne. Obwohl Sie in einer Höhle sind, spüren Sie, daß Sie endlos weit vom Universum umhüllt sind. Alles ist Stille und Schweigen. Und es mag merkwürdig klingen: kein Gedanke regt sich in Ihrem Geist. Das ist ein Bild, aber vielleicht hilft es Ihnen, sich einigermaßen die Verfassung vorstellen zu können, in der man ist, wenn kein Gedanke mehr auftritt und ein glasklares Licht den Geist erleuchtet. Es ist, als wären Sie in tiefem Schlaf und zugleich hellwach. Da erleuchtet kein Licht den Geist, sondern der Geist leuchtet selbst und schenkt sich Licht. Nichts ist darin zu finden: keine Welt, keine anderen, kein Selbst, keine Zeit. Da ist nur hauchzartes Da-sein, das sich nicht beschreiben läßt.

Katsuki Sekida

❖ 6 ❖

Mein Gott, laß mir im Leben des Andern Dein Antlitz leuchten. Gib, daß ich Dich auch und vor allem im Innersten, im Vollkommensten, im Fernsten der Seele meiner Brüder erkenne.

Pierre Teilhard de Chardin

❖ 7 ❖

Alles, was ohne Wert ist, flieht das Licht. Hienieden kann man sich unter das Fleisch verbergen. Im Tode kann man es nicht mehr. Nackt ist man dem Licht ausgeliefert. Das ist dann, je nachdem, Hölle, Fegefeuer oder Paradies.

Simone Weil

❖ 8 ❖

In uns lebt Sehnen, Erkennen, Schauen, Lieben: Oberhalb alles dessen aber lebt das Genießen.

Jan van Ruysbroek

❖ 9 ❖

Wenn du so weit gekommen bist, daß du keine Antwort erwartest, wirst du zum Schluß in einer Weise schenken können, daß der andere entgegennehmen – und sich über das Geschenk freuen kann. Wenn der Liebende befreit ist von der Abhängigkeit vom Geliebten durch das Reifen der Liebe zu einem Strahlen, das Auflösen alles Eignen im Licht ist – dann wird auch der Geliebte vollendet, indem er vom Liebenden frei wird.

Dag Hammarskjöld

173

❖ 10 ❖

Je durchsichtiger und offenkundiger die göttlichen Dinge in sich selber sind, desto dunkler und verborgener sind sie für die Natur des Menschen. Es ist wie mit dem Licht: Je heller es ist, desto mehr blendet und verdunkelt es die Pupille einer Eule; und je offener man in die Sonne hineinschaut, desto mehr Finsternis verursacht sie im Sehvermögen, nimmt es sogar weg, da sie es bei seiner Begrenztheit übertrifft.

Johannes vom Kreuz

❖ 11 ❖

Die Zeichen der Anrede sind nicht etwas Außerordentliches, etwas was aus der Ordnung der Dinge tritt, sie sind eben das, was sich je und je begibt, eben das, was sich ohnehin begibt, durch die Anrede kommt nichts hinzu. Die Ätherwellen brausen immer, aber wir haben zumeist unsern Empfänger abgestellt.

Martin Buber

❖ 12 ❖

Mein Meister sprach: Tao, wie tief und still ist sein Versteck!
Tao, wie rein! Ohne diese Stille würde Metall nicht klingen, und
schlüge man gegen einen Stein, er würde keine Antwort geben.
Der Klang ist in dem Metall und Tao in allen Dingen. Stoßen sie
zusammen, klingt Tao aus ihnen, und sie sind wieder still.
Der König des Lebens hat seine Wurzeln tief unten im Ursprung,
an der Wasserader. Er sieht im Dunkeln und hört Stimmen, wo
niemand spricht. Er allein sieht im tiefen Dunkel Licht. Er allein
hört Musik, wo alles schweigt. Noch in der tiefsten Schlucht
findet er Menschen, und er steht auf dem höchsten Gipfel und
erkennt Sinn und Bedeutung. Er ist mit allen Lebewesen
verbunden. Was nicht ist, kreuzt seinen Weg. Er steht auf dem,
was sich bewegt. Großes ist für ihn klein. Langes will ihm kurz
erscheinen, und alle seine Fernen sind nah.

Tschuang-tse

❖ 13 ❖

Ich nehme *grundsätzlich* an, daß sich die Vollendung der Welt
nur durch einen Tod, durch eine „Nacht", durch eine
Umkehrung, durch eine Verschiebung des Mittelpunktes, durch
eine Art Entpersönlichung erfüllt. Die Vereinigung mit Christus
setzt wesentlich voraus, daß wir den letzten Mittelpunkt unseres
Daseins in ihn zurückverlegen, dies aber bedeutet das
vollständige Opfer des Egoismus.

Pierre Teilhard de Chardin

❖ 14 ❖

Solange wir mit hingegebenem Geiste und mit offenen Augen unbeobachtend müßig stehen, solange können wir schauen und genießen. Im Augenblicke wo wir aber prüfen und beobachten wollen, was es ist, das wir fühlen, verfallen wir dem Verstande und entdecken Unterschied und Anderheit zwischen uns und Gott und finden Gott fern und außerhalb unserer Unbegreiflichkeiten.

Jan van Ruysbroek

❖ 15 ❖

Im vollkommenen Schweigen der Kräfte, im Verlorensein in Gott begreift die Seele vier Dinge: Unendliche Weite – Klarheit – Frieden – Glück. Dies also begreift die Seele noch einigermaßen. Wird sie aber zum Mittelpunkt geführt, in die Gegenwart des göttlichen Wesens selbst gestellt und erschaut es leise und wird von ihm durchdrungen, dann entzündet und erdrückt sie der Sturm der Liebe. Der Verstand steht fassungslos, er kennt sich selbst nicht mehr, und die Seele kann nicht sagen, was sie gesehen und gefühlt hat. Da gibt es nur noch ein Wort: „Es ist Gott." Gott, und nicht nur gegenwärtig, sondern der Seele auch bis zu einem gewissen Grade offenbarend, was er ist.

Lucie Christine

❖ 16 ❖

Du Dunkelheit, aus der ich stamme,
ich liebe dich mehr als die Flamme,
welche die Welt begrenzt,
indem sie glänzt
für irgendeinen Kreis,
aus dem heraus kein Wesen von ihr weiß.

Aber die Dunkelheit hält alles an sich:
Gestalten, Flammen, Tiere und mich,
wie sie's errafft,
Menschen und Mächte –

Und es kann sein: eine große Kraft
rührt sich in meiner Nachbarschaft.

Ich glaube an Nächte.

Rainer Maria Rilke

❖ 17 ❖

Bei unserem Emporsteigen zu Gott mittels der Tugenden, da
wohnt Gott in uns; im Vergehen aber unseres Selbstes und aller
Dinge, da wohnen wir in Gott.

Jan van Ruysbroek

❖ 18 ❖

Herr, wer bist du? bist du? ich kann nicht mehr.
Bist du ein anderer als dieser Bruder, in dessen Angesicht sich
mein Angesicht spiegelt? Bist du etwas anderes als das Wasser,
die Erde, das Feuer und alles, was aus ihnen besteht? Dieser
„Grund", der in meinem Grund ist, im Grund von allem, ist er
ein Angesicht, ist er ein Du, das sich in mir anschaut, ein Ich,
das mich sein läßt, indem es mich anspricht?
Bist du etwas anderes als ein einfach unaussprechliches
Mysterium? Dieses Ich, dieses Du, ist es eine Projektion meiner
selbst, eine letzte Anstrengung, um mich vor dir zu retten?
Erscheinst du noch in diesem Licht jenseits der Finsternis? oder
bist du im Licht verschwunden? oder bist du selbst dieses Licht,
das mich umgibt, das mich durchdringt, das mich absorbiert?

Henri Le Saux

❖ 19 ❖

Wie klein ist der, der sich niemals in sich selbst verloren hat wie
in einer Wüste ohne Straße; der an einem Platz ankommt und
sagt: Da bin ich, und ich bin nirgendwo sonst...
Aber der die Welt durchzieht und sein eigenes Ufer nicht
erreichen kann, der mehrfach Schiffbruch erleidet in sich selbst,
der seinen eigenen Namen nicht weiß,
der, den Gott erschüttert und nicht ausruhen läßt, wie der
Mond, der unaufhörlich das Meer auf- und abfluten läßt,
das ist der Mensch...

Marie Noël

❖ 20 ❖

Geh hin, wo du nicht kannst, sieh, wo du siehest nicht;
Hör, wo nichts schallt und klingt, so bist du, wo Gott spricht.

Angelus Silesius

❖ 21 ❖

Im eigentlichsten Sinne ist Gott Licht, und je näher ihm etwas
kommt, um so mehr empfängt es von dem Licht.
Nichts Wahres wird erkannt außer durch Gott. Nicht als spräche
er, so wie wir; sondern er macht hell im Innern. Denn er ist das
Innerste in jeder Seele und wirft von dem strahlenden Lichte
seiner ewigen Vernunft einen Glanz über die dunklen Begriffe
unseres Geistes.

Bonaventura

❖ 22 ❖

Sei still, sprach ich zu meiner Seele, und laß das Dunkel über
dich kommen! Es wird das Dunkel Gottes sein.

T. S. Eliot

❖ 23 ❖

Gott wohnt in einem Licht, zu dem die Bahn gebricht;
Wer es nicht selber wird, der sieht ihn ewig nicht.

Angelus Silesius

❖ 24 ❖

„Sind es nicht die Wehen, was eben beginnt?"
„Wehen oder Scheinwehen, nicht die Gebärerin entscheidet's.
Geschrieben steht: Wir waren schwanger, wir wanden uns, und
wie wir gebaren, war's Wind."
„Wovon hängt es ab?"
„Ob dem Kind die Stätte bereitet ist."
„Wer bereitet die Stätte?"
„Wer's vermag."
„Wie ist die Stätte zu bereiten?"
„Scheidet das Reine", sang Israel, „und das Gemeine! Schmelzet
die Masse! Sondert die Schlacken aus! Läutert das Erz!"
„Welches ist der Ort?"
„Die Gasse. Das Haus. Das Herz."

Martin Buber

❖ 25 ❖

Der, den du groß machst, kennt keinen Mangel, denn er ist ewig; er kennt keinen Fortschritt, denn er ist vollkommen. Und doch machst du ihn groß, wenn du die Fülle seines Geistes empfängst, ihm zur Mutter wirst und ihn der Welt gebierst.

Adam von Perseigne

❖ 26 ❖

Das Wort Gottes fällt vor meinen Augen nieder wie ein fallender Stern, von dessen Feuer der Meteorstein zeugen wird, ohne es mir aufleuchten zu machen, und ich selber kann nur das Licht bezeugen, nicht aber den Stein hervorholen und sagen: Das ist es.

Martin Buber

❖ 27 ❖

Gott ist ein lautrer Blitz
und auch ein dunkles Nicht,
das keine Kreatur beschaut in ihrem Licht.
Gott ist ein Geist, ein Feu'r,
ein Wesen und ein Licht,
und ist doch wiederum auch dieses alles nicht.
Was Gott ist, weiß man nicht:
Er ist nicht Licht, nicht Geist,
nicht Wahrheit, Einheit, Eins,
nicht was man Gottheit heißt,
nicht Weisheit, nicht Verstand,
nicht Liebe, Wille, Güte,
kein Ding, kein Unding auch,
kein Wesen, kein Gemüte:
Er ist, was ich und du und keine Kreatur,
eh wir geworden sind, was ER ist, nie erfuhr.
Das überlichte Licht schaut man in diesem Leben
Nicht besser, als wenn man ins Dunkle sich begeben.

Angelus Silesius

❖ 28 ❖

Gesteuert werden von dem, was lebt, wenn „wir" nicht länger leben als Interessenten oder „Besserwisser". Lauschen und sehen können bis zu dem in uns, das im Dunkel *ist*. Und schweigen.

Dag Hammarskjöld

❖ 29 ❖

Wenn ich mich umwende, um zurückzuschauen, so sehe ich, wie ich durch meine traurigen Jahre, meine geduldigen Finsternisse bis zum Ende, o mein Gott, von deinen Händen wie eine Gelähmte getragen wurde auf göttlicher Straße.

Marie Noël

❖ 30 ❖

Je mehr sich die Zukunft vor mir wie eine schwindelerregende Kluft oder wie ein dunkler Durchgang öffnet, um so mehr kann ich, wenn ich mich auf Dein Wort hin hineinwage, Vertrauen haben, mich in Dir zu verlieren oder mich in Dich wie in einen Abgrund zu stürzen – in Deinen Leib, Jesus Christus, aufgenommen zu werden.

Pierre Teilhard de Chardin

❖ 31 ❖

Ich lebe mein Leben in wachsenden Ringen,
die sich über die Dinge ziehn.
Ich werde den letzten vielleicht nicht vollbringen,
aber versuchen will ich ihn.

Ich kreise um Gott, um den uralten Turm,
und ich kreise jahrtausendelang;
und ich weiß noch nicht: bin ich Falke, ein Sturm
oder ein großer Gesang.

Rainer Maria Rilke

QUELLENVERZEICHNIS

Häufiger genannte Werke:
MB Martin Buber, *Ekstatische Konfessionen*, Gütersloher Verlagshaus, Gütersloh. Zitiert nach dem Nachdruck Heidelberg 1984
PL *Patrologia Latina* von J.-P. Migne, Paris 1844 ff. (jeweils Band u. Spalten)

ÜS bedeutet: Übersetzung aus dem Urtext von B. Schellenberger.

Abu Bekr-Asch-Schibli, Fundort unbekannt (17. 2.).
Adam von Perseigne († 1221), Brief 17; PL 211,643B; ÜS (25. 12.).
Aelred von Rievaulx (1109–1166) in PL 195: *Speculum Caritatis* 524A-B (10. 3.), 578C-D (18. 8.); 582A-583A (31. 7.), ÜS.
Ägidius von Assisi († 1262), Fundort unbekannt (22. 11.).
Al-Halladsch († 922) in: Annemarie Schimmel, *Al-Halladsch. „O Leute, rettet mich vor Gott."* Texte islamischer Mystik, © Verlag Herder, Freiburg 1995 (Herder/Spektrum 4454), 50 (18. 3.), 61 (6. 8.), 75 (31. 8.), 80 (7. 10.), 81 (10. 10.), 82 (6. 4., 29. 5.), 83 (5. 5.), 89 (6. 1.), 91 (30. 7.), 93 (24. 4.), 121 (21. 5.).
Arndt, Johann (1555–1621), Fundort unbekannt (12. 5.).
Augustinus, *Confessiones* I,2,2 (28. 4.); I,3,3 (16. 9.); X,6,8 (27. 3.); X,27,38 (24. 1.); X,40,65 (24. 3.); XIII,37,52 (22. 5.); *Enarrationes in Psalmos*, über Psalm 99,6 (3. 1.). Alle ÜS.
Balduin von Ford (1140–1191), Hoheliedpredigt 3, 1, Corpus Christianorum CM 17, Turnhout, 48–49 (17. 9.), ÜS.
Beatrijs van Nazareth († 1268), *Van seuen manieren van heilger minnen*, eingel. v. H. W. J. Vekeman u. J. J. Th. M. Tersteeg, Zutphen 1971, 48 (4. 2.).
Benn, Gottfried (1886–1956), *Sämtliche Gedichte*, Klett Cotta Stuttgart 1998, (15. 11.).
Bernanos, Georges (1888–1948) im *Bulletin trimestriel,* hg. v. d. Société des Amis de Georges Bernanos Paris 1949 ff. zitiert in: Hans Urs von Balthasar, Bernanos, Gelebte Kirche, S. 70 f., Johannes Verlag Einsiedeln, Freiburg im Breisgau, Nr. 12, 24 (2. 3., 1. 5.); *La Liberté pour quoi faire* (Ges. Vorträge), Paris 1953, 297 (9. 6.).
Bernhard von Clairvaux (1090–1153), *Hoheliedpredigten*, zit. aus *Ein Lied, das nur die Liebe lehrt. Texte der frühen Zisterziensermönche*, übers. u. hg. v. Bernardin Schellenberger, Freiburg 1981, 163 (17. 5.), 164 (14. 10.), 167 f. (19. 6.), 169 f. (22. 6.); *De diligendo Deo*, ebd. 165 f. (15. 8.); 166 (20. 8.); fer-

ner *De diligendo Deo* zit. aus: *Der Weg der Liebe*, übers. und hg. v. Bernardin Schellenberger, Leipzig 1990, 250 (7.11.), 267 (25.11.).

Böhme, Jakob (1575–1624), „Vom übersinnlichen Leben" in *Die Morgenröte bricht an*, ausgew. u. eingel. v. Gerhard Wehr, Freiburg 1983, 114 (15.7.).

Bonaventura (1221–1274), Fundort unbekannt (21.12.).

Buber, Martin (1878–1965), *Die Legende des Baalschem*, © Manesse Verlag Zürich 1955, 19 (7.10.), 20 (13.8.), 22 (24.8.), 28 (26.10.); Vorwort zu MB XXXIIf. (9.7., 29.7.), XXXVIII (1.3.); *Ich und Du*, in: *Das dialogische Prinzip*, © Gütersloher Verlagshaus, Gütersloh, zitiert nach der 5. Aufl. Heidelberg 1984, 36f. (18.11.), 84 (21.6.), 89 (23.9.), 96 (11.4.), 110f. (29.6.), 113 (24.10.); *Zwiesprache*, in ebd. 148 (26.12.), 153f. (4.1.), 154 (11.12.); *Zwischen Zeit und Ewigkeit. Gog und Magog. Eine chassidische Chronik*, © Gütersloher Verlagshaus, Gütersloh, zitiert nach der Ausgabe Heidelberg 1969, 37 (11.11.), 65 (23.4.), 83 (6.7.), 106 (24.12.), 151 (28.3.), 278 (5.8.), 279 (30.10.), 292 (14.7.), 354 (17.4.), 387 (7.5.,19.7.).

Buddhistische Tradition: *Dhammapada – die Weisheitslehren des Buddha*. Aus d. Pali übertr. v. Munish B. Schiekel, © Verlag Herder, Freiburg 1998 (Herder/Spektrum 4665), (Nummern) 58–59 (8.1.); 91 (25.4.); 97 (23.7.); 186–187 (20.5.); 218 (28.6.); Anthony de Mello, *Zeiten des Glücks*, Freiburg [5]1997, 181 (16.5.).

Cardenal, Ernesto (* 1926), *Das Buch von der Liebe*, übers. v. Anneliese Schwarzer de Ruiz, © Peter Hammer Verlag GmbH, Wuppertal 1991, 6 (27.2.); 24 (16.1.), 26 (29.4.), 61 (1.8., 12.10.), 62 (9.8., 1.11.), 69 (6.5.); Ausschnitte aus *Cantico Cosmico, Cantiga 2* in: *Wir sind Sternenstaub. Neue Gedichte und Auswahl aus dem Werk*, aus d. Span. v. Lutz Kliche, © Peter Hammer Verlag GmbH, Wuppertal 1993 (13.5., 20.9., 24.9., 30.9.); *Epigramme* aus *In der Nacht leuchten die Wörter*, aus d. Span. v. Stefan Baciu u. Anneliese Schwarzer, © Peter Hammer Verlag GmbH, Wuppertal 1985 (17.3., 16.10.); Auschnitte aus einem Gedicht in *Teleskop in dunkler Nacht*, aus d. Span. v. Lutz Kliche, © Peter Hammer Verlag GmbH, Wuppertal 1994 (25.5., 23.6.); *Verlorenes Leben. Erinnerungen Band 1*, übers. v. Lutz Kliche, © Peter Hammer Verlag GmbH, Wuppertal 1998, 211 (5.6.), 235 (9.3.).

Carretto, Carlo (1910–1988), *Ich habe gesucht und gefunden*, aus d. Ital. von Maria Otto, © Verlag Herder, Freiburg 1983, 83f. (6.6.), 84 (27.5.), 95 (5.4.), 99 (12.8.), 100 (16.7.); *In deiner Stadt ist deine Wüste*, aus d. Ital. von Radbert Kohlhaas, © Verlag Herder, Freiburg [9]1990, 56–58 (9.1., 4.7.).

Chao-pien, zit. v. Daisetz T. Suzuki, *Das Zen-Koan – Weg zur Erleuchtung*, © Verlag Herder Freiburg 1996 (Herder/Spektrum 4452), 35 (22.10.).

Christine, Lucie, *Geistliches Tagebuch 1870–1908*, hg. v. A. Poulain S. J., übers. v. Romano Guardini, Düsseldorf 1921 (23.5., 15.12.).

Claudel, Paul (1868–1955), *J'aime la Bible*, Paris 1955, 22 ÜS (30.1.).

Claudius, Matthias (1740–1815), Fundort unbekannt (18.2.).

Czepko, Daniel (1605–1660), *Sexcenta Monodisticha Sapientium*, zit. in Klaus Ebert, *Protestantische Mystik. Von Martin Luther bis Friedrich D. Schleiermacher. Eine Textsammlung*, Weinheim 1996, 176 (9.9.), 178 (20.3., 25.7.); 179 (1.2., 23.2.).

Delbrêl, Madeleine (1904–1964), *Wir Nachbarn der Kommunisten*, Einsiedeln 1975, 49 (5.2.).

Diadochus von Photike († 486), *Gespür für Gott. Hundert Kapitel über christliche Vollkommenheit*, Einsiedeln 1982, 61 (31.5.).

Dschalâl-ed-Dîn Rumî (1207–1273), zit. in MB 30 (26.5.); Nachdichtung v. Friedrich Rückert, Fundort unbekannt (4.11.).

Eckhart, Meister (1260–1328), Deutsche Werke Bd. 5, hg. v. J. Quint, Stuttgart 1963 (Seiten): *Das Buch der göttlichen Tröstung*, 481 (9.2.); *Rede der Unterscheidung* 192f. (26.6.), 201f. (9.10.), 205f. (5.9., 23.11.), 206 (15.9.), 207 (24.5.), 211 (30.8.), 224 (29.11.), 228f. (18.7.), 229 (16.4.), 249f. (17.11.); 288f. (2.8.), 308 (8.3.), 509 (26.3.); *Von Abgeschiedenheit*, 544 (28.10.). Fundstellen unbekannt: 16.2., 10.5., 21.7.

Eliot, Thomas Stearns (1888–1965), Fundort unbekannt (22.12.).

Farîd-ed-dîn Attâr (geb. ca. 1120), zit. v. MB 22 (22.9.), 23 (20.6.), 25f. (18.5.).

Fénelon (1651–1715), *Geistliche Schriften* des Erzbischofs Franz von Salignac de la Mothe (Fénelon), hg. v. A. Arndt S. J., Regensburg 1885, Bd.II,305f. (11.1.).

Fichte, Johann G. (1762–1813), *Die Anweisungen zum seligen Leben*, J. G. Fichtes sämtliche Werke, hg.v. J. H. Fichte, 5. Bd. Berlin 1845, 407 (27.7.), 458f. (13.6.), 461 (10.4., 21.4.), 543 (7.8.).

Gilbert von Hoyland († 1172), Hoheliedpredigten in PL 184, 41C-D (19.9., 19.10.); 51A-B (27.4.); 61A (5.11.); 62D-63B (22.1.); 104C-D (28.2.); ÜS.

Gregor der Große (540–604), *Dialoge* 2, 35; PL 66, 198ff. (21.3.,30.6.), ÜS.

Guerric von Igny (1070–1157), Predigten in PL 185, 51C (24.2.), 55C (13.7.), 156C (3.2.), 194C (23.1.); ÜS.

Guyon, Jeanne-Marie Bouvière de la Mothe (1648–1717), *Die Geistlichen Ströme. Die Heimkehr des Menschen zu Gott*, Marburg 1948, 41 (6.2.); zit. in MB 173 (28.8.).

Hadewijch von Antwerpen (13. Jh.), *Strofische Gedichten* 22,15–19, Ausg. v. E. Rombauts u. N. de Paepe, Zwolle 1961, 160–162 (29.2.), 236 (31.3.), 302 (30.5.), ÜS.; Paul Mommaers, *De brieven van Hadewijch*, Uitgeverij Altiora Averbode 1990, 141 (15.6.).

Hammarskjöld, Dag (1905–1961), *Zeichen am Weg*, Deutsche Ausgabe © 1965 Droemer Knaur Verlag, München, 57 (28.7.), 58 (27.1.), 72 (9.12.), 79 (1.6.), 80 (19.1.), 88 (8.4., 28.12.), 116 (3.8.), 136 (12.4.); 170 (25.3.).

Hegel, G. W. Friedrich (1770–1831), Hegels theol. Jugendschriften, hg. v. H. Nohl, Tübingen 1907: *Entwürfe über Religion und Liebe*, 4 (15.1.); *Der Geist des Christentums und sein Schicksal*, 243 (22.3.).

Hesse, Hermann (1877–1962), aus d. unveröffentl. Briefen, zit. in *Hermann Hesse. Lektüre für Minuten*, hg. v. Volker Michels, © Suhrkamp Verlag Frankfurt am Main 1983, 141 (14.4.). Gedicht „Glück" aus: *Die Gedichte 1*, © Suhrkamp Verlag, Frankfurt am Main 1977, 286 (22.7.); Gedicht „Weg nach innen" aus: ebd. 433 (18.10.).

Hesychios der Sinait (ca. 6. Jh.), *Von Wachsamkeit und Tugend*, in: *Byzantinische Mystik* Bd. 1, ausgew. und übers. v. Klaus Dahme, Salzburg 1989, 128 (5.3.).

Husain al Hallâdsch († 921 n. Chr.), zit. in MB 18 (23.3., 19.4.)

Ionesco, Eugène (1912–1994), in: C. Chabanis, *Dieu existe-t-il? Non*, Paris 1973, 333 f.

Johannes vom Kreuz (1542–1591), *Worte von Licht und Liebe*, hg. und übers. v. Ulrich Dobhan u. a., © Verlag Herder Freiburg 1996 (Herder/Spektrum 4506), 190 (13.2.); *Der Geistliche Gesang. Cantico A*, h.g. und übers. v. U. Dobhan u. a., © Verlag Herder, Freiburg 1997 (Herder/Spektrum 4554), 97 (CB 14–15) (4.9.); *Die dunkle Nacht*, hg. und übers. v. U. Dobhan u. a., © Verlag Herder, Freiburg 1997 (Herder/Spektrum 4374), 65 (27.9.); 104 (10.12.), 123 (26.11.); 202 (2.12.).

Jüdische Weisheit, zit. v. Abraham Joshua Heschel, nach Josef Sudbrack, *Gottes Geist ist konkret. Spiritualität im christlichen Kontext*, Würzburg 1999, 360 (7.7.).

Juliana von Norwich (1342–1413), zit. in MB 130 (29.8.).

K. Y., Japan (1953), zit. in *Die drei Pfeiler des* Zen, hg. v. Philip Kapleau, O. W. Barth – Scherz Verlag 1979, 286 (16.8.).

Katha Upanishad 4,1; zit. v. Henri Le Saux, *Die Gegenwart Gottes erfahren*, Mainz 1980, 43, Anm. 17 (16.11.).

Katharina von Genua (1447–1510), zit. in MB 151 (23.10.).

Kelty, Matthew (zeitgenöss.), *Flute Solo. Reflections of a Trappist Hermit*, New York 1980, 13 (30.3.), 14 (22.4.,19.5.), 16 (4.5.), 75 (25.6.); ÜS.

Laotse (4./3. Jh. v. Chr.), *Tao te king*, übers. v. Th. Schäufele in *Tao. Umschreibung des Wegs nach Laotse*, Reutlingen o.J. (16.3., 12.9.); *Tao te king*, übers. v. Richard Wilhelm, Düsseldorf-Köln 1978, 56 (12.3.), 90 (5.7.), 114 (15.4.), 119 (3.11.).

Le Saux, Henri (1910–1973), zit. in G. Ruhbach/J.Sudbrack, *Christliche Mystik. Texte aus zwei Jahrtausenden*, München 1989, 516f. (18.12.).

Luther, Martin (1483–1546), Fundort unbekannt (11.6.).

Margarete Porete (1250–1310), Fundort unbekannt (11.5.).

Mechthild von Hackeborn (1242–1299), zit. in MB 80 (25.9.).

Mechthild von Magdeburg (1212–1277), zit. in MB 63 (4.3.).

Mello, Anthony de (1931–1987), *Eine Minute Weisheit*. Aus d. Engl. v. Robert Johna, Freiburg [2]1998, 33 (7.1.), 80 (27.4.); *Gib deiner Seele Zeit. Inspirationen für jeden Tag*, © Verlag Herder Freiburg 1999 (Herder/Spektrum 4757), 30, 61 (1.4.); *Warum der Vogel singt. Weisheitsgeschichten*, Aus d. Engl. v. Ursula Schottelius, Freiburg [10]1997, 102 (25.1.); *Wer bringt das Pferd zum Fliegen?* Aus d. Engl. v. U. Schottelius, Freiburg [5]1998, 44 (3.6.).

Merton, Thomas (1915–1968), Brief an Ernesto Cardenal, aus: E. Cardenal, *Verlorenes Leben. Erinnerungen Band 1*, übers. v. Lutz Kliche, Wuppertal 1998, 270 (1.7.); *Conjectures of a Guilty Bystander*, New York 1968, 156f., ÜS, gekürzt (13.10); 11.9. u. 19.11. Fundorte unbekannt.

Monchanin, Jules († 1957), *De l'esthétique à la mystique*, Paris 1967, 134 ÜS (8.6.).

Morgenstern, Christian (1871–1914), *Gesammelte Werke*, München 1965, 429 (15.3.); *Stufen*, München 1918, 256 (10.2.).

Nikolaus von Kues (1401–1464), zit. aus: W. Oehl, *Deutsche Mystikerbriefe 1100–1550*, München 1931, 557f. (26.1.); 14.9. Fundort unbekannt.

Noël, Marie (1883–1967), *Erfahrungen mit Gott*, Matthias-Grünewald-Verlag, Mainz 1961, 49f.(15.5.), 50 (10.11.), 73 (27.11.), 78f. (1.10.), 85 (19.12.), 152 (12.11.), 260 (29.12.).

Omar Chaijám, zit. v. Idries Shah, *Lebe das wirkliche Glück. Das Lesebuch der Sufi-Weisheit*, Freiburg 1996, 56 (28. 1.).

Pfau, Ruth (* 1929), *Das letzte Wort wird Liebe sein*, Verlag Herder, Freiburg 1997 (Herder/Spektrum 4513), 210 (29. 1.); *Wer keine Tränen hat... Was mein Leben trägt*, hg. v. Michael Albus, © Verlag Herder, Freiburg 1999 (Herder/Spektrum 4674), 138 (7. 4.).

Plotin (204–269), zit. in MB 34 (21. 8).

Ramkrishna, Sri (1834–1886) in *Setze Gott keine Grenzen. Gespräche des indischen Heiligen mit seinen Schülern*. Aus d. Bengal. übers. v. Martin Kämpchen, Freiburg 1989 (19. 8.).

Rilke, Rainer Maria (1875–1926), *Das Stundenbuch: Vom mönchischen Leben*, Leipzig 1931, 7 (31. 12.), 11 f. (16. 12.), 15 (20. 11.), 18 (21. 2.), 31 (13. 4., 28. 11.), 32 (1. 1., 9. 5.), 36 f. (10. 9.), 40 (3. 3.), 45 (13. 3.), 58 (14. 6.); „Herbsttag", aus: *Ergriffenes Dasein. Deutsche Lyrik 1900–1950*, ausgew. v. H. E. Holthusen u. Friedhelm Kemp, Ebenhausen b. München 1953, 107 f. (25. 10.).

Ruysbroeck, Jan van (1293–1381), *Die Zierde der geistlichen Hochzeit*, übertr. v. Willibrord Verkade, Mainz 1922, 65 (31. 1.), 79 (4. 8.), 84 f. (7. 3.), 134 (27. 8.), 156 (17. 7.), 156 f. (12. 6.), 164 (26. 9.), 167 (30. 11.), 168 (17. 8.), 169 (10. 1.); *Kleinere Schriften*, übertr. v. Friedrich Markus Huebner, Leipzig 1924, 27 (6. 9.), 42 (31. 10.), 89 (26. 2.), 137 (3. 10.), 142 (9. 4.), 143 (8. 5.), 145 (22. 2., 8. 12.), 148 (24. 11.), 157 (18. 1.), 175 (17. 12.), 176 (8. 2., 1. 12.), 177 (14. 3., 14. 11.), 178 (28. 5.), 182 (14. 12.), 206 (18. 4.); *Das Buch von den sieben Einschließungen*, aus: Joseph Kuckhoff, *Johannes von Ruysbroeck, Auswahl*, München 1938, 209 f. (13. 9.), 211 (7. 9.).

Saint-Exupéry, Antoine de (1900–1944), *Die Stadt in der Wüste*, übers. v. Oswalt von Nostitz, Bad Salzig 1951, 201 (29. 10.).

Saymed Ahmad Hatif, zit. v. Idries Shah, *Lebe das wirkliche Glück. Das Lesebuch der Sufi-Weisheit*, Freiburg 1996, 216 (30. 4.).

Schmid, Clarita, zit. v. Jörg Zink, *Dornen können Rosen tragen. Mystik, die Zukunft des Christentums*, Stuttgart 1997 © bei der Autorin, 182 f. (3. 12.).

Sekida, Katsuki (* 1893), *Zen-Training. Das große Buch über Praxis, Methoden, Hintergründe*, © Verlag Herder, Freiburg 1993 (Herder/Spektrum 4184), 91 f. (5. 12.), 191 f. (1. 9.), 192 (3. 5.), 198 (18. 9.), 200 (16. 6.), 284 (28. 9.)

Seuse, Heinrich (1295–1366), *Deutsche Schriften*, übertr. v. Nikolaus Heller,

Regensburg 1926: *Büchlein der Ewigen Weisheit* (Kap., S.:) 1,190 (2.7.), 9,214 (21.11.), 9,216 (4.12.), 10,218 (12.2.); *Predigten* 2,445 (1.5.), 3,450 (4.4.), 5,475 (24.6.); *Seuses Leben* 32,85 (12.7.).

Silesius, Angelus (Johannes Scheffler) (1624–1677), *Cherubinischer Wandersmann*, hg. v. Hans Ludwig Held, München 1949, I,44 (7.2.), II, 85 (20.2.), II,159 (6.3.), I,29 (2.4.), I,289 (14.5.), I,82 (2.6.), I,110 (18.6.), II,207 (11.7.), I,110 (11.8.), I,13 (25.8.), I,115 (2.9.), I,285 (15.10.), I,60 (6.11.), I,199 (20.12.), I,72 (23.12.). 27.12. Fundort unbekannt.

Sufi-Parabeln, mitgeteilt von Hellmut Ritter, *Das Meer der Seele*, Leiden 1955, 153 (21.1., 13.11.).

Symeon der Neue Theologe (970–1040), zit. in MB 43 (3.9.), 48 (22.8.). *Sermo 90*, zit. nach Wladimir Lossky, *Schau Gottes*, Zürich 1964, 115f. (12.1.).

Tagore, Rabindranath (1861–1941), *Zum anderen Ufer*, Freiburg o.J., 12f. (20.1.), 21 (17.10.), 23 (2.2.), 25 (27.10.), 29 (19.3.), 36f. (19.2.), 43 (10.7.), 46 (8.7.), 62 (4.6.), 65 (21.10.), 74 (29.3.), 73 (6.10.); *Gitanjali* 45, zit. v. Henri Le Saux, *Die Gegenwart Gottes erfahren*, Mainz 1980, 39, Anm. 15 (20.7.).

Tauler, Johannes (1300–1361), *Die Predigten Taulers*, hg. v. Ferdinand Vetter, Berlin 1910, 26,109,20–30, (5.10.).

Teilhard de Chardin, Pierre (1881–1955), *Écrits du temps de la Guerre*, Paris 1965, 162 ÜS (14.2.); *Das göttliche Milieu (früher erschienen unter dem Titel „Der göttliche Bereich")*, © 1962 Walter Verlag Düsseldorf und Zürich, 91 (9.11.), 91f. (30.12.), 96f. (13.12.), 106 (2.11.), 125f. (2.5.), 177 (4.10.), 178f. (6.12.), 180 (14.1.).

Tennyson, Alfred (1809–1892), Brief an B. P. Blood aus: William James, *Religiöse Erfahrung in ihrer Mannigfaltigkeit*, Leipzig 1907, 360f. (25.2.).

Tersteegen, Gerhard (1697–1769) aus: *Geistliches Blumengärtlein*, zit. aus: Klaus Ebert, *Protestantische Mystik. Von Martin Luther bis Friedrich D. Schleiermacher. Eine Textsammlung*, Weinheim 1996, 240 (13.1.).

Tschuang-tse († um 300 v. Chr.) aus: Thomas Merton, *Sinfonie für einen Seevogel. Weisheitstexte des Tschuang-tse*, aus d. Engl. v. Johann Hoffmann-Herreros, © für die deutsche Übersetzung: 1971 Patmos Verlag, Düsseldorf, 42 (10.8.), 50 (12.12.), 79 (24.7.), 84 (17.6.), 89 (26.7.), 117 (20.10.).

Ulladu Nârpadu, hinduist. Text mit 40 (42) Strophen in d. Tamul-Sprache, hier 28. Strophe. Zit. v. von Dom Le Saux, *Indische Weisheit – Christliche Mystik. Von der Vedanta zur Dreifaltigkeit*, Luzern 1968, 64 (15.2.).

Vivekananda, Swami (1863–1902), zit. v. Martin Kämpchen, *Ein moderner indischer Heiliger* in M. Kämpchen/G.Sartory, *Nahe der Nabe des Rades. Die Heiligen in den Weltreligionen*, Verlag Herder, Freiburg 1985.

Weil, Simone (1909–1943), *Schwerkraft und Gnade*, übers. v. Friedhelm Kemp, München 1952 © Verlag Carl Hanser GmbH & Co., München, 21 (11.2.), 22 (11.3.), 24 (7.6.), 47f. (8.11.), 56 (2.10.), 60 (3.7.), 67f. (11.10.), 84 (7.12.)

Weischedel, Wilhelm (1905–1975), Fundort unbekannt (20.4.).

Wetering, Janwillem van de, *Der leere Spiegel. Erfahrungen in einem japanischen Zen-Kloster*, Copyright © 1981 by Rowohlt Taschenbuch GmbH, Reinbek 1995, 43 (27.6.).

Wilhelm von Saint-Thierry (1070/75–1148), *De natura et dignitate amoris* 1, PL 184, 379C (17.1.); *Meditativa Oratio* 2, PL 180,208B (23.8.); ÜS.

Wolfe, Thomas (1900–1938), *Die Geschichte eines Romans*, in: *Uns bleibt die Erde. Buch der Arche*, München 1951, 87 (2.1.).

Yüan-chon Hsüeh-Yen Tsu-ch'in († 1287), zit. v. Daisetz T. Suzuki, *Das Zen-Koan – Weg zur Erleuchtung*, Freiburg 1996 (Herder/Spektrum 4452), 127 (29.9.).

Zen-Anekdote, aus: Philip Kaplean, *Die drei Pfeiler des Zen,* © alle deutschsprachigen Rechte by Scherz Verlag, Bern, München, Wien, für den Otto Wilhelm Barth Verlag, 36 (8.9.).

Zen-Geschichten aus: Rudolf Walter (Hg.), *Leben ist mehr. Das Lebenswissen der Religionen und die Frage nach dem Sinn des Lebens*, Freiburg 1995, 115 (14.8., 26.8.).

Zen-Meister, zit. v. Daisetz T. Suzuki, *Das Zen-Koan – Weg zur Erleuchtung*, Freiburg 1996, 37 (21.9.).

Anmerkung des Verlages:
Wir danken den Verlagen und Rechteinhabern für die Erteilung der Abdruckgenehmigungen. Bei einigen Texten war es trotz gründlicher Recherchen nicht möglich, die Inhaber der Rechte ausfindig zu machen. Honoraransprüche bleiben bestehen.